人人参与碳中和

——新型电力系统下的电力需求侧响应

国网北京市电力公司电力科学研究院　组编

中国电力出版社
CHINA ELECTRIC POWER PRESS

内 容 提 要

“碳达峰、碳中和”已成为社会公众关注热点，电力行业是碳排放和碳减排的重点领域，电力企业也自然成为推动本行业“碳达峰、碳中和”的实施主体。为提高广大电力工作者和社会公众对“双碳”目标及能源互联网建设背景下电力领域新知识、新技术、新应用的了解，国网北京市电力公司电力科学研究院组织专业人员，聚焦电力需求侧响应这一与提高用电效率和节能减排密切相关的细分领域，编写了本书。

本书共设置了11部分内容，包括“双碳”目标与新型电力系统，从需求侧管理到需求侧响应，电力需求侧响应主体，电力需求侧响应技术、设备与平台，电力需求侧响应基本流程，电力需求响应试点案例，虚拟电厂，智能楼宇，电动汽车有序充电，家庭智能用电，电力需求响应的未来。每章根据不同内容设置了“小资料”和案例，进一步促进大家对内容的深入了解。

本书可为广大电力从业人员、电力科技爱好者以及对“双碳”目标和能源互联网建设背景下电力需求侧响应的新技术、新方法及其应用场景有兴趣的读者学习使用。

图书在版编目（CIP）数据

人人参与碳中和：新型电力系统下的电力需求侧响应 / 国网北京市电力公司电力科学研究院组编 .—北京：中国电力出版社，2023.4（2024.5 重印）

ISBN 978-7-5198-7394-3

Ⅰ.①人… Ⅱ.①国… Ⅲ.①电力工业－工业企业管理－用电管理－研究－中国 Ⅳ.① F426.61

中国版本图书馆 CIP 数据核字（2022）第 243172 号

出版发行：中国电力出版社
地　　址：北京市东城区北京站西街 19 号（邮政编码 100005）
网　　址：http://www.cepp.sgcc.com.cn
责任编辑：翟巧珍（806636769@qq.com）
责任校对：黄　蓓　常燕昆
装帧设计：赵姗姗
责任印制：石　雷

印　　刷：北京雁林吉兆印刷有限公司
版　　次：2023 年 4 月第一版
印　　次：2024 年 5 月北京第二次印刷
开　　本：710 毫米 ×1000 毫米　16 开本
印　　张：9.75
字　　数：117 千字
印　　数：3001—4000 册
定　　价：58.00 元

本书编写组

组　长　陈　平

副组长　李香龙　赵　乐　丁屹峰　马　凯

审　核　秦　帅　邢其敬　王立永　王　琼

组　员（按姓氏笔画为序）

马龙飞　王　钊　王伟贤　王洪彪　王培祎

刘　畅　刘秀兰　孙　舟　孙钦斐　严嘉慧

李　佳　张　禄　张宝群　陆斯悦　金　渊

赵宇彤　宫　成　袁小溪　柴志超　钱梓锋

徐　蕙　焦　然　曾　爽　曾佳妮　潘鸣宇

序

2021年3月，中央明确提出“30 · 60”双碳目标，揭开了我国能源革命的新序幕。两年以来，“碳达峰、碳中和”概念逐渐深入人心，能源绿色低碳发展战略成为国人共识，新型电力系统建设实施路径日渐清晰。与此同时，随着电力能源新技术的快速发展，各种新概念层出不穷，素有令人眼花缭乱之感。

古人云，“求木之长者，必固其根本；欲流之远者，必浚其泉源”。固本浚源，电力系统包括源、网、荷、储四个方面，覆盖发—输—配—变—用五个环节。新型电力系统的“新”，不仅体现在技术上的“新”，还表现为概念的“新”。其中一个很重要的变化，就在于电力系统的运行管理重点，正在从传统电源侧和电网侧向用电侧和负荷需求侧倾斜。面对规模不断扩大的新能源发电，电力系统正变得日益复杂，其安全稳定运行已经不能单纯依靠输配电环节来实现，还需要海量负荷资源在关键时刻发挥重要的调节作用。对电力需求侧的管理，正在从传统行政式的、单向的“管理”，向市场化的、双向互动的“响应”转变。可以说，新型电力系统的建设不仅要求电力企业加快创新，还需要社会公众理解、支持和积极的参与。

本书面向广大电力科技爱好者和社会公众，在新型电力系统建设背景下，普及电力需求侧响应相关的新知识、新技术、新概念，说明虚拟电厂、智能楼宇、电动汽车有序充电、家庭智能用电等做法和作用，希望借此协助社会各界增进对电力需求侧响应及其相关新事物、新机制的了解，并积极参与实践。为此，本书尽量采用了通俗易懂的语言来描述，并尽可能增加图示辅助读者理解。

中华民族素有勤俭节约和集中力量办大事的优良传统。实际上，无论“30・60”双碳目标的实现还是新型电力系统的建设，都离不开社会各界的努力和参与。希望本书能够让读者在阅读之余，体会到自己在日常生活中就能够随时参与“碳中和”行动，而且乐于投身其中。这也是本书编著的初心。

科普读物对专业从事电力科技研究的本书编写组来说，既是一次新尝试，更是一项新挑战，由此难免存有不足之处，诚望读者不吝指正。本人谨代表本书编写组，在此先行感谢！

2023年1月

前　言

为应对全球气候变化，我国明确提出了“30·60”双碳目标，在能源领域制定了构建新型电力系统、加快新能源开发利用等一系列战略措施。作为电力能源领域“碳达峰、碳中和”的实施主体，电力企业纷纷制订并实施“双碳”行动方案，推动电源结构和布局优化，推进电力系统技术创新，加快传统电网向能源互联网、高弹性电网转型升级，全力促进能源绿色低碳高质量发展。

完整的电力能源系统包括源、网、荷、储四方面，覆盖发、输、变、配、用全过程。风电、光伏等新能源发电具有低碳绿色、取之不尽的先天优势，也有着需要“靠天吃饭”，出力存在波动性、间歇性和随机性等固有特性。构建新型电力系统的关键就在于全面提升整个系统的灵活性和调节能力，持续提高对新能源的接纳能力和适应能力。这就不仅需要发、输、配、变电环节的电力企业加快创新升级，也需要用电环节的企事业单位和社会公众积极参与，深入挖掘需求响应潜力，提高负荷侧的灵活性和敏捷性。

本书以“双碳”目标下的新型电力系统建设为背景，围绕电力需求侧响应，介绍相关的新概念、新技术、新机制和实践案例，说明虚拟电厂、智能楼宇、电动汽车有序充电、家庭智能用电等场景做法和作用，目的在于普及电力需求侧响应领域的新知识，增进读者对这一新事物的理解和支持，以期推动需求响应市场持续健康发展，促进低碳生产生活方式更好更快形成。

本书设置了11部分，基本框架如下：

第一部分介绍“碳达峰、碳中和”概念和我国“双碳”目标的由来，说明我国碳排放的基本情况以及“碳中和”的总体规划，解释新型电力系统的提出原因及其与电力需求侧响应的关系。

第二部分叙述电力需求侧管理和电力需求侧响应的概念含义，介绍相关的措施、机制和作用，说明从电力需求侧管理向电力需求侧响应转变的意义以及标准化工作进展。

第三部分阐释电力需求侧响应的运行体系，说明不同参与者的职责和分工，并对负荷聚合商的主要业务、与其他电力企业的差异、负荷控制策略及其在需求侧响应中的作用进行重点介绍。

第四部分介绍负荷监测、资源利用、多能综合利用等新技术的基本原理，说明能量路由器、智能配电变压器终端、边缘计算终端、台区智能融合终端等新设备的核心功能，并简要叙述智能化响应平台、第四代能量管理系统在电力需求侧响应中的作用。

第五部分说明电力用户参与需求侧响应的申请条件、可选择的响应方式，解释电力需求侧响应的执行过程与效果评估方法，并对电力需求侧响应的常见激励措施做简要介绍。

第六部分从申请条件、启动条件、响应方式、激励措施等多个维度介绍江苏苏州、上海、北京和山东等地开展的电力需求侧响应实践案例及试点成效。

第七部分介绍虚拟电厂概念及其主要类型，描述虚拟电厂的构成与运行控制模式，并对利用虚拟电厂有效聚合分布式电源、提高需求侧响应效益和提升电力系统运行稳定性等作用进行简要说明。

第八部分叙述智能楼宇概念及其主要形态，解释智能楼宇的运行原理和采用的新技术，并对智能楼宇便捷参与电力需求侧响应、降低建筑能耗水平和推动建筑低碳运行的作用做概括介绍。

第九部分介绍电动汽车有序充电的概念、场景和类型，阐释电动汽车有序充电的基本原理和常见方案，并简要叙述通过有序充电助力电动汽车用户参与电力需求侧响应的作用。

第十部分说明家庭智能用电的含义及常见家用电器的负荷特性，解释实现家庭智能用电的基本路径，并简要介绍利用家庭智能用电帮助普通家庭用户参与电力需求侧响应和节能降碳的作用。

第十一部分从可利用资源和市场化程度分析我国电力需求侧响应市场发展前景，并从自动化、标准化和技术融合三个方面展望我国电力需求侧响应技术趋势。

本书可以作为科普读物帮助电力科技爱好者和社会公众理解电力需求侧响应的相关概念含义、技术方法和运行机制，也可以作为入门读本帮助广大电力从业人员熟悉电力需求侧响应的基本内容和发展趋势。

编　者

2022年12月

目 录

“双碳”目标与新型电力系统

本章介绍“碳达峰、碳中和”概念，阐述我国的“双碳”目标、碳排放基本情况以及“碳中和”的总体规划，说明提出新型电力系统建设及电力需求侧响应的原因。

认识“碳达峰、碳中和”

1. 什么是“碳达峰、碳中和”

碳达峰是指碳排放量达到一个峰值，随后开始下降。碳中和是指利用各种技术中和碳排放，将人类活动对自然环境的影响降到零。“碳中和”要求一个国家、一个企业、一种产品、一类活动或个人在一定时间内，通过植树造林、节能减排等途径，将直接或间接产生的二氧化碳等温室气体排放量予以抵消，实现正负相抵，达到相对“零排放”。

“碳中和”的概念

在日常生活中，可以减少二氧化碳排放的行为包括：选择使用非电动牙刷、节能灯代替白炽灯泡、下班随手关掉电脑、晾晒衣服代替干衣机、烤面包机代替烤箱……

在经济发展中，可以通过光伏、风电、特高压、新能源汽车、生物降解塑料、绿色建筑等方式，减少二氧化碳的排放，也可以利用碳捕捉、植树造林等方式吸收二氧化碳。

2.“30·60”“双碳”目标

很长一段时间里，随着经济的发展，我国碳排放持续增长，生态环境恶化和空气污染日益严重，为此我国曾两次提出减碳目标。

第一次是2009年提出的2020年目标：单位国内生产总值二氧化碳排放比2005年下降40%～45%，非化石能源占一次能源消费比重达到15%左右，森林面积比2005年增加4000万公顷，森林蓄积量比2005年增加3亿立方米。2019年11月，生态环境部宣布完成2020减碳目标。

第二次是2015年提出的2030年目标：二氧化碳排放在2030年左右达到峰值并争取尽早达峰；单位国内生产总值二氧化碳排放比2005年下降60%～65%，非化石能源占一次能源消费比重达到20%左右，森林蓄积量比2005年增加45亿立方米左右。

面对全球气候变化、生态环境治理等与人类命运息息相关的全球性挑战，中国始终是负责任的大国。2020年9月22日，国家主席习近平在第七十五届联合国大会一般性辩论上宣布了世界瞩目的“30·60”“双碳”目标：中国将提高国家自主贡献力度，采取更加有力的政策和措施，二氧化碳排放力争于2030年前达到峰值，努力争取2060年前实现碳中和。

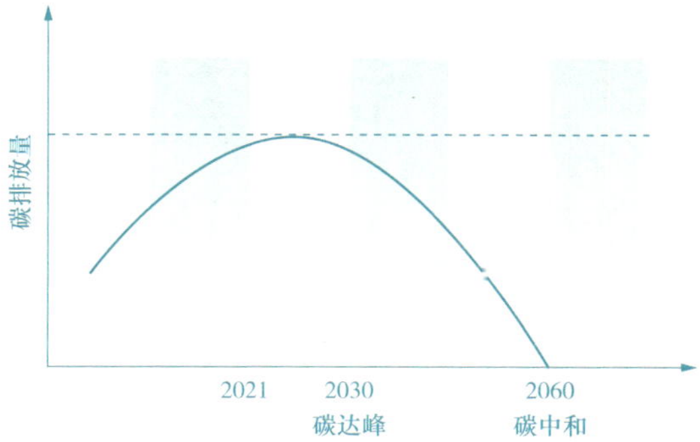

“30·60”“双碳”目标

对“双碳”目标的郑重承诺，既表明我国为应对气候变化擘画了新的宏伟蓝图，也彰显我国自愿为全球应对气候变化作出新贡献的明确态度。“双碳”目标的实现，有望使全球实现碳中和的时间提前5～10年，对全球气候治理和可持续发展起到关键性推动作用。

小资料

世界各国碳中和目标

2019年12月，《欧洲绿色协议》提出欧洲将在2050年前建成全球首个“碳中和”的大洲，这份被称为“欧洲绿色新政”的协议涉及的变革涵盖了能源、工业、生产和消费、大规模基础设施、交通、粮食和农业、建筑、税收和社会福利等方面。加拿大、墨西哥、马尔代夫等30多个国家也宣布了“碳中和”目标，目前，总计占全球GDP 75%、占全球碳排放量65%的重要经济体都已经制订了“碳中和”目标及行动方案。

我国碳中和发展路线

1. 我国碳排放的基本情况

在自然资源条件的约束下，我国一次能源消费长期以煤炭等化石能源为主，而煤炭是各种化石能源中碳排放系数最高的一种。进入21世纪以来，我国经济快速发展，碳排放量也随之迅速增加，在2004年前后超过美国，成为世界上碳排放量最多的国家，并在2020年超过100亿吨，约占全球碳排放总量的30%。

研究表明，我国碳排放主要集中在制造业和电力工业。从2020年的分行业/领域碳排放数据看，燃煤发电、钢铁、水泥、石油化工四个行业的碳排放量在全国各行业中居于前列，合计超过65%。

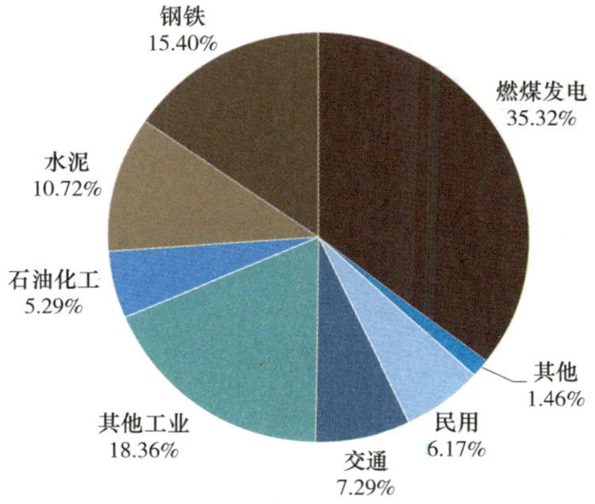

我国分行业/领域碳排放量占比（2020年）

燃煤发电（煤电）是我国电力能源的主要成分，其装机容量超过发电装机总容量的1/2，每年产生的碳排放在电力行业的占比超过九成，在全国碳排放总量中的占比超过35%。

钢铁、水泥、石油化工等高耗能行业是煤炭消耗大户，产生的碳排放在制造业约占2/3，在全国碳排放总量中的占比超过31%。

交通领域的能源消费以汽油、柴油为主，由此产生的碳排放约占全国碳排放总量的7%；随着电动汽车的快速发展，这一比例有望同步下降。

2. 我国碳中和的总体规划

为了如期实现“碳中和”目标，我国在“十四五”规划开始布局，逐步引导投资转向零碳和负碳领域。整体来看，“碳中和”的实现大致可以分为三个阶段：

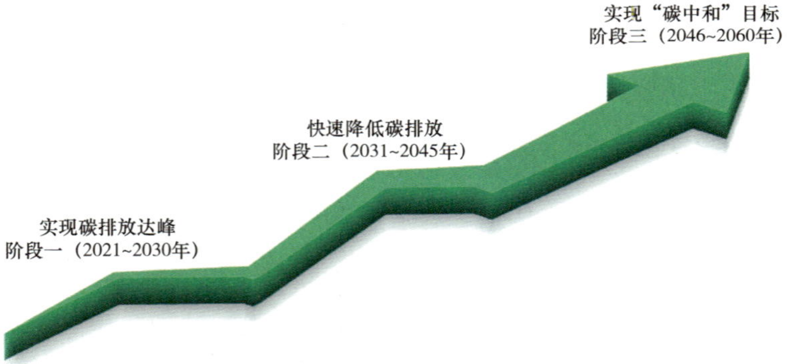

“碳中和”三阶段规划

阶段一（2021～2030年）：主要目标是实现碳排放达峰。

在短期内，煤炭仍然是能源的主要来源，随着电力需求的增长和工业化的深入推进，发电和工业端的能源消费和碳排放还将保持一定的增长态势。此外，目前我国人均汽车保有量较低，仅为发达国家的1/4左右，未来交通领域的能源需求增长空间依然很大，短期内交通行业碳排放也还将持续增长。

在碳排放达峰的主要目标之下，本阶段主要是提高能源使用效率，控制煤炭消费总量，大力发展可再生能源，逐步替代发电和工业端的煤炭消费，推进新能源汽车对传统燃油汽车的替代，引导消费者加快形成绿色低碳的生活方式。

阶段二（2031～2045年）：主要任务是快速降低碳排放。

随着可再生能源和储能成本的显著下降，“可再生能源＋储能”将逐步实现平价上网，新能源将大规模实现对化石能源的有效替代；同时，随着电动汽车技术的快速发展，“电动汽车＋新能源”将有效替代传统燃油汽车。在这15年中，碳排放总量将绕过拐点开始下降，并且下降速度逐步提升。

本阶段主要是提升技术发展水平，实现新能源的低成本应用，并加强碳捕集、封存及再利用（Carbon Capture,Utilization and Storage,CCUS）、生物质能－碳捕集与封存（Bio-Energy with Carbon Capture and Storage,BECCS）等负碳技术的推广应用，完成第一产业的减排改造。

阶段三（2046～2060年）：主要任务是实现碳中和目标。

随着可再生能源、储能、氢能等新能源技术实现商业化利用，发电、工业端、交通等领域完成深度脱碳；同时，随着CCUS、BECCS等负碳技术逐渐成熟并得以大规模推广，碳排放和碳吸收在整体层面逐步平衡，从而实现碳中和目标。

本阶段主要是加强技术和应用创新，通过清洁能源改造的深度脱碳，以及碳汇、CCUS、BECCS等负碳排放技术的大规模应用，实现能源消费和生态文明建设的根本转变。

小资料

各省碳中和行动方案

“双碳”目标正式提出后，“碳达峰”“碳中和”在各省政府工作报告中频频出现，相应的工作目标也不断细化，比如福建提出支持厦门、南平等地率先达峰；天津提出推动钢铁等重点行业率先达峰和煤炭消费尽早达峰；上海和海南等地则宣布要抢在全国时间表之前率先实现碳达峰。作为“双奥”之城的首都北京，在2012年就已经达到碳排放峰值，2013年开始碳排放呈波动下降趋势，“碳达峰”目标顺利完成；北京提出在2050年实现“碳中和”目标，将比全国目标提前10年。

各省还契合地域差异，利用自身优势，纷纷推出了特色措施。比如上海、贵州在公共领域全面推广新能源汽车，推进充电桩、换电站、加氢站建设，倡导低碳绿色出行；浙江提出加快推进生态文明建设先行示范，开展低碳园区建设和“零碳”体系试点；黑龙江、江西等地提出以碳市场建设助力“碳达峰、碳中和”；山西提出推动煤矿绿色智能开采，推进煤炭分质分级梯级利用。

新型电力系统

1. 新型电力系统的提出

煤炭等化石能源发电的高碳排放量，决定了实现“双碳”目标的一条重要路径是新能源发电。但风力、光伏、海洋能等新能源发电都要“看天吃饭”，容易受到季节、气象、时间和地域条件的影响；与火电、核电相比，新能源发电还具有明显的出力不连续、不稳定、随机性大和可调节性差等特征，大大增加了电网运行控制的难度和安全稳定运行的风险。在现有条件下，新能源还很难大规模并网发电和消纳。

此外，我国适合开发的陆上风能、太阳能资源主要集中在西部、北部偏远地区，用电需求量较大的负荷中心则集中在东南沿海地区。大规模集中式的新能源发电，必须在地理上对供需资源进行大范围的配置和优化，电力系统在新能源发电并网的控制和调度等方面需要解决诸多复杂的技术难题。

为切实推进“双碳”目标落地实现，2021年3月，中央明确提出构建新型电力系统，确立了新型电力系统在实现“双碳”目标中的重要地位，为能源电力发展提供了明确的行动纲领，指出了科学的方法和路径。

2. 什么是新型电力系统

全国电网运行与控制标准化技术委员会对“新型电力系统”的定义是：

新型电力系统是以承载实现碳达峰、碳中和，贯彻新发展理念，构建新发展格局，推动高质量发展的内在要求为前提，以确保能源电力安全为基本前提，以满足经济社会发展电力需求为首要目标，以最大化消纳新能源为主要任务，以坚强智能电网为枢纽平台，以源、网、荷、储互动与多能互补为支撑，具有清洁低碳、安全可控、灵活高效、智能友好、开放互动基本特征的电力系统。

新型电力系统的第一个“新”体现为电力能源的“新”，即在发电侧不再大规模依赖传统能源，而是大规模、高比例使用新能源和可再生能源，通过深度脱碳生产电力能源。

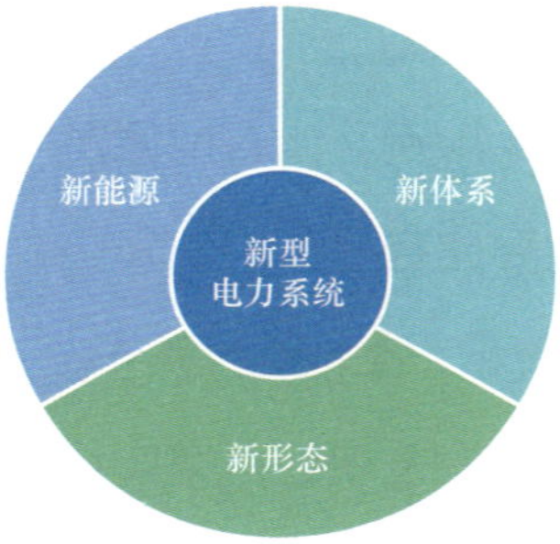

新型电力系统的“三新”

可以说，新型电力系统本质上是一个具有良好的调节能力和高度的灵活性，能够在新能源占比不断提高的情况下保持安全稳定运行的全新的能源供应体系，也是促进电力行业低碳转型的重要载体。

新型电力系统的第二个“新”体现为电网形态的“新”，即将电源、电网、负荷、储能各个环节进行有机整合，形成一个大系统与分布式系统深度融合、源网荷储协同发展的智能电力系统。

新型电力系统的第三个“新”体现为治理体系的“新”，即新型电力系统是一个市场化、法治化相互融合、相互促进的开放系统，本质上是一个市场配置资源起决定性作用的中国特色竞争性电力市场。

3. 新型电力系统与需求侧响应

新型电力系统在电源接入方面具有很强的包容性，能够促进多元化电源协同发展，包括煤电深度改造、气电、常规水电增容、抽水蓄能、新型储能、光热发电等。同时，新型电力系统的建设有赖于包括电力需求侧响应在内的各种新型市场机制的建立和完善，以此充分唤醒负荷侧海量资源，促进源、网、荷、储协调运行，保障电力能源供需平衡和电网安全稳定运行，甚至与供热（供冷）、供气等系统组成区域综合能源系统，进一步推动多能互补和转化。

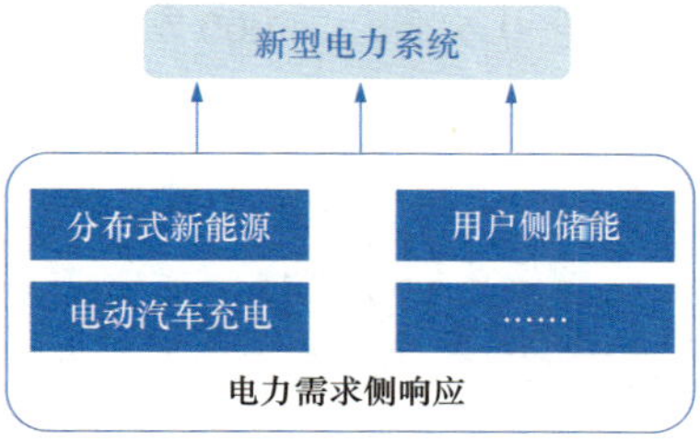

新型电力系统与电力需求侧响应

可以说，新型电力系统的提出是电力需求侧响应持续发展的重要契机，电力需求侧响应则是新型电力系统建设的必要支撑。通过建立健全需求响应机制，可以使用户侧储能、电动汽车充电设施、分布式发电等用户侧可调节资源成为新型电力系统的重要组成部分，实现电力能源的优化配置和使用，还可以减少和避免低效的投资，在保障电力能源安全和质量前提下，最大限度提高电力系统的整体运行效率。

在不断健全的电力市场机制支撑下，电力需求侧响应还能与电力中长期、现货交易和辅助服务实现相互补充和有机衔接，促进负荷聚合商、虚拟电厂运营商、综合能源服务商等新型市场主体快速发展，以市场化方式促进电力绿色低碳发展，使新型电力系统的投资在新市场中获得回报。

小资料

两家电网公司的需求侧响应举措

国家电网有限公司在《新型电力系统行动方案（2021—2030年）》中提出，要推动应用新型储能、需求响应，通过多能互补、源网荷储一体化协调控制技术，提高配电网调节能力和适应能力，促进电力电量分层分级分群平衡。要“扩大可调节负荷资源库”，聚合各类资源，积极参与需求响应市场、辅助服务市场和现货市场，并配合政府编制有序用电方案，达到最大负荷20%以上且覆盖最大电力缺口。计划目标则是到2025、2030年，可调节负荷容量分别达到5900万千瓦、7000万千瓦。

南方电网有限责任公司在《南方电网公司建设新型电力系统行动方案（2021—2030年）白皮书》中提出“要推进需求响应能力建设，深入挖掘弹性负荷、虚拟电厂等灵活调节资源，推动政府建立健全电力需求侧响应机制，激励各类电力市场主体挖掘调峰、填谷资源，引导非生产性空调、工业负荷、充电设施、用户侧储能等柔性负荷主动参与需求响应。到2030年，实现全网削减5%以上的尖峰负荷。”

从需求侧管理到需求侧响应

本章从解释电力需求侧的概念切入，随后对电力需求侧管理和电力需求侧响应进行介绍，阐明电力需求侧管理的主要措施以及电力需求侧响应的核心机制与作用。

电力需求侧管理

1. 什么是电力需求侧管理

“需求侧”是对供需关系中关于需求方及各种相关问题的统称，包括购买商品的欲望、支付的能力以及相关的各种因素等。“电力需求侧”是指在“电力能源”这类特殊商品的供需关系中，需求这一方及其涉及的各种问题，即电力用户（电力能源的消费者）及其在电力能源消费过程中涉及的各种问题，包括电价、收入及相关政策等。

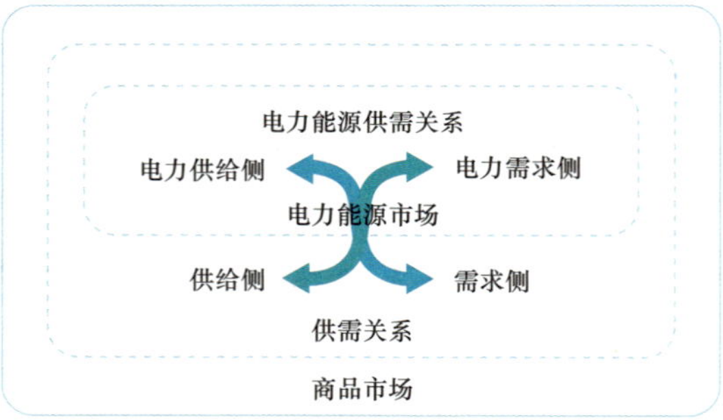

需求侧及电力需求侧的概念

电力需求侧管理是指通过提高终端电力用户的用电效率、优化用电方式等手段，在完成相同用电功能的同时，消耗较少电力功率和电量，以此降低电力供应服务成本，达到节约能源和保护环境的目的。电力需求侧管理将电力需求侧提高效率、改变电力能源消费方式，或采取其他措施减少的电力能源消耗、降低的电力能源需求也视为一种资源加以开发利用。

我国对电力需求侧管理概念的官方定义最早可见于2004年5月发布的《加强电力需求侧管理工作的指导意见》：通过采取有效的激励措施，引导电力用户改变用电方式，提高终端用电效率，优化资源配置，改善和保护环境，实现最小成本电力服务所进行的用电管理活动。

2017年9月发布实施的《电力需求侧管理办法（修订版）》则将电力需求侧管理的内涵拓展为：加强全社会用电管理，综合采取合理、可行的技术和管理措施，优化配置电力资源，在用电环节制止浪费、降低电耗、移峰填谷、促进可再生能源电力消费、减少污染物和温室气体排放，实现节约用电、环保用电、绿色用电、智能用电、有序用电。

2. 电力需求侧管理主要措施

为提高电能利用效率，促进电力资源优化配置，保障用电秩序，我国电力需求侧管理采取的措施主要有能效管理、负荷管理、有序用电三类。

电力需求侧管理措施

能效管理：通过用户采用先进技术和高效设备提高终端用电效率，减少电量消耗，在节约成本的同时达到节约电量、节约能源和减少污染物排放的目的。

负荷管理：通过负荷整形技术改善用户的用电方式，降低电网最大负荷，也即通过削峰、填谷或移峰填谷等措施来达到节约电力、减少或缓建装机容量、提高电力系统整体效益与节能环保的目的。

有序用电：在电力供需矛盾突出情况下，通过行政、经济、技术等手段有保有限，合理分配资源，确保供需平衡，达到保障社会秩序，最大程度降低缺电损失的目的。

3. 电力需求侧管理向电力需求侧响应转变

作为优化配置电力资源的一个重要手段，电力需求侧管理在平衡电力电量、保障供需平衡、引导节约用电，促进节能减排、倡导科学用电、服务经济发展等方面发挥了重要作用，取得了出色成效。例如，在电力迎峰度夏期间开展有序用电，可以实现高峰负荷转移的精准实施，切实保障电力供需平衡和社会稳定。

然而，电力需求侧管理在执行中更多体现的是行政式的管理手段，是一种强制性或半强制性的行为。在市场经济不断发展成熟的当下，尤其随着新型电力系统建设的提出，电力需求侧管理必然需要向内涵更丰富、参与主体更多元、市场化程度更高的电力需求侧响应转变，以便充分利用市场化手段，紧扣发展和安全、清洁和低碳的主题，引导用户主动参与削峰填谷，加快形成低碳绿色的生产生活方式，更有效地保障“碳中和”目标如期实现。

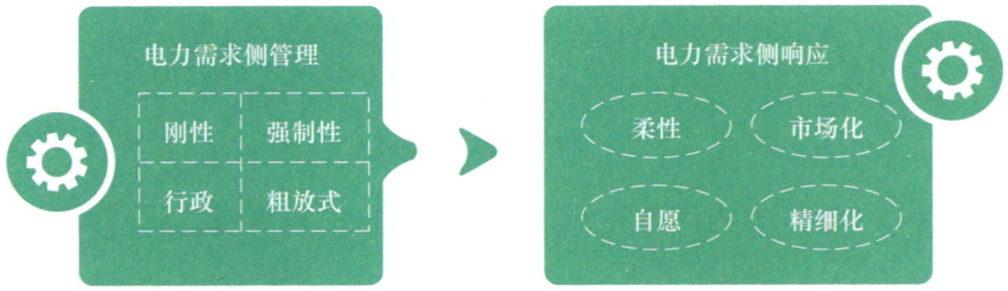

电力需求侧管理向电力需求侧响应转变

小资料

电力需求侧管理政策发展

改革开放后，我国经济社会快速发展，电力供需矛盾开始凸显。为了解决这个问题，我国从20世纪90年代初开始引入电力需求侧管理。1998年《中华人民共和国节约能源法》的正式施行，拉开了电力需求侧管理的大幕，为后续电力行业各种政策的出台奠定了基础。2004年国家发展改革委、国家电监会联合印发的《加强电力需求侧管理工作的指导意见》则进一步规范了各地的电力需求侧管理活动。

2010年，国家发展改革委、国家电监会等6部委联合印发《电力需求侧管理办法》，提出了电力需求侧管理工作的16项管理措施和激励措施，成为我国在电力需求侧管理工作方面一个重要的指导性文件。2012年，北京市、苏州市、唐山市、佛山市被列为首批试点城市，开始电力需求侧管理的探索。2017年发布的《电力需求侧管理办法（修订版）》则进一步推进了电力体制改革，实施电能替代，促进可再生能源消纳，提高智能用电水平。

电力需求侧响应

1. 什么是电力需求侧响应

电力需求侧响应往往简称为“需求侧响应”，是指当电力批发市场价格升高或系统可靠性受威胁时，供电方发出直接补偿通知或者电力价格上升信号，电力用户接收到信号后，改变其固有的习惯用电模式，减少或者推移某时段的用电负荷，以此保障电网稳定，并抑制电价上升的短期行为。

需求侧响应实质上是电力需求侧管理的衍生物，两者的区别主要在于负荷管理方式的差异，需求侧响应倾向于从市场角度，特别是价格，来对负荷需求或者用电模式进行调整，进而促进市场稳定和电网可靠性。传统电力需求侧管理中的负荷管理通常是在某个合适时段，使用负荷控制装置主动切断系统内的部分电力供应，将负荷从高峰期转移至低谷期。

作为负荷控制的一种手段，电力需求侧管理难以从实际情况出发，考虑用户的用电感受；电力需求侧响应则强调利用市场机制，激励用户积极参与，能够更有效地体现我国电力企业“人民电业为人民”的服务宗旨。

2. 电力需求侧响应核心机制

需求侧响应高度依赖市场化手段，其核心运行机制包括基于价格和基于激励两种，由此形成两大类响应策略：一类是基于价格的需求侧响应，包括分时电价、实时电价和尖峰电价三种策略；另一类是基于激励的需求侧响应，包括直接负荷控制、可中断负荷控制、需求侧竞价、紧急需求响应等策略。

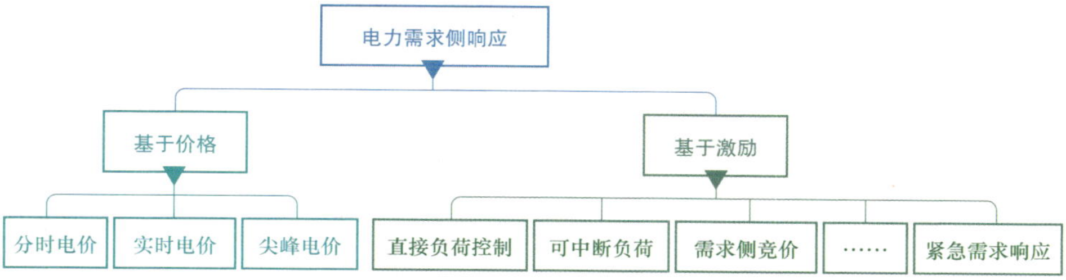

电力需求侧响应机制与策略

现在一些大城市采用的分时电价，实际上就属于一种被动的基于价格的需求侧响应。通过在高峰时段适当提高电价、在低谷时期适当降低电价，促使用户改变用电行为，降低负荷峰谷差，达到削峰填谷的目的。

需求侧响应的结果在负荷管理上体现为削峰、填谷和移峰填谷三种形态。其中，削峰是指减少高峰时期的电网负荷；填谷是指增加系统闲时的发电容量利用水平；移峰填谷则是指调整峰谷时期的负荷使用方式。

3. 电力需求侧响应的作用

随着新型电力系统建设逐步提速、电源结构日益复杂、新型负荷不断增多，电力系统变得更加多元和多变。在此背景下，通过市场机制完善和技术装备发展，电力需求侧响应将在促进电力供需平衡、降低电力建设成本、助力新能源并网消纳、促进低碳绿色发展、实现电力供需共赢等方面发挥越来越重要的作用。

▶ **促进电力供需平衡：**在负荷高峰，利用市场机制，推动电力用户暂停

电力需求侧响应的作用

一部分辅助用电设备的运行，或者降低辅助用电设备的负荷，将部分电力负荷转给更有需要的用户使用，在基本不影响用户的前提下，达到削减电网负荷的目的，助力实现电力供需平衡。

▶ **降低电力建设成本：**在电力需求急速上升时，满足这部分需求的传统做法是增加包括发电和输配在内的调峰资源。由于峰谷两段持续时间一般很短，尤其是尖峰时段，一年内的累计持续时长也往往只有几十小时，导致相应的调峰资源利用率极低，边际成本居高不下。需求侧响应通过引入市场激励机制，实现用电高峰时段电力负荷的减少或推移，可以减少传统调峰资源的建设，降低电力整体建设成本。

▶ **助力新能源并网消纳：**在新型电力系统建设和大规模新能源接入的背景下，需求侧响应有助于激励电力用户积极主动、灵活敏捷地响应负荷调节需求，为新能源并网争取一定灵活度，提高新能源并网消纳率，保障整体电力系统安全稳定运行。

▶ **促进低碳绿色发展：**通过规模化的需求侧响应，可以推动电力系统的重心从供应侧转向需求侧，促进源、网、荷、储柔性互动，打造电力供需的实时动态平衡，在满足生产生活安全稳定用能的同时，促进电力能源低碳绿色发展。

▶ **实现电力供需共赢：**参与需求侧响应的电力用户可以在不影响自身主

要生产经营活动的基础上，通过削减负荷，得到合理的经济回报。这使得需求侧响应不仅对电力供给侧有益，也能够为电力需求侧带来价值，实现电力能源供需双方的共赢。

目前，我国需求侧响应还处于发展阶段，市场化改革正在推进中，需求侧响应尚有需求侧管理的痕迹。随着各种新技术和新机制的不断推出和持续完善，未来需求侧响应将逐渐替代需求侧管理，形成契合新型电力系统建设和发展的现代电力供需体系。

小资料

浙江电网的电力需求侧响应

2019年浙江统调尖峰负荷95%以上持续时间为27小时，97%以上尖峰负荷持续时间更低于10小时。针对年度尖峰负荷持续时间短、电网利用率不足的问题，在2020年迎峰度夏期间，国网浙江省电力有限公司利用互联网+、智能客户端、储能等先进技术手段，构建了电力需求侧实时管理系统，开展需求侧响应工作。

一方面，通过聚拢海量负荷资源，全方位挖掘医药、钢铁、通用制造等行业用户的可中断负荷，开展负荷管理工作；另一方面，在大型商业酒店、商场等楼宇开展中央空调运行功率柔性调节，并组织实施“百万用户参与、百万千瓦响应”的需求侧响应专项行动，广泛发动各类用户参与，从而在整个电网层面实现电力削峰填谷，加快可再生能源消纳，促进源网荷储友好互动。

电力需求侧响应标准体系

1. 电力需求响应标准化工作

为推动电力需求响应规范化发展，我国从2014年开始着手推进电力需求响应的标准化工作，目前已经形成从国家标准、行业标准、团体标准、企业标准一系列成果，电力需求响应标准体系逐渐成形。

从标准内容及适用范围看，现行标准基本覆盖系统类、终端类、接口类、测评类、管理类等类型。其中，系统类标准主要对电力需求响应系统功能及其建设、运维和检验等提出了标准规范，终端类标准主要对需求响应终端的研发、生产等进行规范，接口类标准主要围绕需求侧资源接口以及与其他系统的接口等信息交换事宜明确标准规定，测评类标准主要对需求响应潜力评估、节约电力的测量与验证、效益评估等业务进行规范，管理类标准主要对需求响应业务流程、业务模型、交易与结算等事宜提出标准指引。

各类标准的实施应用，为电力需求响应相关系统的开发、终端产品的设计与生产、响应机制的建立与运行等提供了标准化指南，为电力企业、服务商和电力用户等各类主体参与电力需求响应提供了规范化指导，电力需求响应开始进入标准化、规范化发展时代。

2. 电力需求侧响应现行国家标准

目前我国在电力需求侧响应方面发布实施的国家标准中，GB/T 32672—2016《电力需求响应系统通用技术规范》和GB/T 35681—2017《电力需求响应系统功能规范》为电力需求响应业务的推进和发展建立了基本框架和功能规范，是电力需求响应标准体系的两项重要标准。GB/T 32127—2015《需求响应效果监测与综合效益评价导则》、GB/T 37016—2018《电力用户需求响应节约电力测量与验证技术要求》为电力需求响应效果的监测分析工作提供了标准指导，GB/T 34116—2017《智能电网用户自动需求响应　分散式空调系统终端技术条件》、GB/T 38332—2019《智能电网用户自动需求响应　集中式空调系统终端技术条件》则为各类空调系统自动需求响应终端的开发和生产提供了标准规范。

▶ **GB/T 32672—2016《电力需求响应系统通用技术规范》：** 于2016年4月25日发布，2016年11月1日实施，主要对电力需求响应系统的总体要求进行了规定，包括系统的术语和定义、系统架构、基本功能、性能指标、系统接口与通信要求、工作环境和安全防护要求等，适用于电力需求响应系统的设计、开发和运行。

▶ **GB/T 35681—2017《电力需求响应系统功能规范》：** 于2017年12月29日发布，2018年7月1日实施，主要对电力需求响应系统的组成及参与者、需求响应服务系统、聚合系统以及终端的功能及要求等提出了标准规定，适用于电力需求响应系统的开发设计和运行维护。

▶ **GB/T 32127—2015《需求响应效果监测与综合效益评价导则》：** 于2015年10月9日发布，2016年5月1日实施，主要对需求响应效果监测与综合效益评价的一般原则、指标及其计算方法进行了规定，适用于电力需求响应实施机构对需求响应项目进行监测，对项目的实施效果和实际产生的效益进行综合分析与评价，为综合资源规划提供参考。

▶ GB/T 37016—2018《电力用户需求响应节约电力测量与验证技术要求》：于2018年12月28日发布，2019年7月1日实施，主要对电力用户需求响应节约电力的测量与验证流程、算法、要求及方法进行了规定，适用于在电力需求响应项目中对用户节约电力的情况进行测量与验证。

▶ GB/T 34116—2017《智能电网用户自动需求响应　分散式空调系统终端技术条件》：于2017年7月31日发布，2018年2月1日实施，主要对分散式空调系统自动需求响应终端在功能、接口、技术和电磁兼容等方面的要求进行了规定，适用于电力需求响应业务执行过程中，支撑用户分散式空调系统与需求响应服务系统（聚合系统）进行信息交互的自动需求响应终端的开发设计、生产制造、测试与维护。

▶ GB/T 38332—2019《智能电网用户自动需求响应　集中式空调系统终端技术条件》：于2019年12月10日发布，2020年7月1日实施，主要对集中式空调系统自动需求响应终端的环境条件、功能配置以及功能、接口、性能、电磁兼容等方面的要求进行了规定，适用于直流5~36伏、交流220/380伏的集中式空调系统自动需求响应终端的研发、生产、测试与维护。

3. 电力需求侧响应现行其他标准

除了国家标准之外，电力需求侧响应领域现行有效的标准还包括行业标准、团体标准和企业标准。其中比较重要的有电力行业标准DL/T 1759—2017《电力负荷聚合服务商需求响应系统技术规范》、DL/T 1867—2018《电力需求响应信息交换规范》，中国电力企业联合会的团体标准T/CEC

133—2017《工业园区电力需求响应系统技术规范》，国家电网有限公司的企业标准Q/GDW 11568—2016《电力需求响应系统技术导则》、Q/GDW 11852—2018《电力需求响应负荷监测与效果评估技术要求》等，这些标准为相关行业、社会团体和企业进一步结合自身情况，切实推进和参与电力需求响应提供了规范指南。

▶ **DL/T 1759—2017《电力负荷聚合服务商需求响应系统技术规范》：** 由国家能源局于2017年11月15日发布，2018年3月1日实施的一项行业标准，主要对电力负荷聚合服务商需求响应系统工作环境要求、系统设计要求、系统功能要求、系统主要性能指标进行了规定，适用于电力负荷聚合服务商需求响应系统的设计、开发、建设、运行和维护。

▶ **DL/T 1867—2018《电力需求响应信息交换规范》：** 由国家能源局于2018年6月6日发布，2018年10月1日实施的一项行业标准，主要对电力需求响应系统信息交换的一般原则和要求、信息模型、信息交换服务及信息交换机制进行了规定，适用于电力需求响应系统的设计、研发与升级完善。

▶ **T/CEC 133—2017《工业园区电力需求响应系统技术规范》：** 由中国电力企业联合会于2017年5月15日发布，2017年8月1日实施的一项团体标准，主要对工业园区电力需求响应系统的术语和定义、总则、架构与接口、功能、性能、工作环境和安全防护等进行了规定，适用于工业园区电力需求响应系统的设计、开发、验收和运行维护。

▶ **Q/GDW 11568—2016《电力需求响应系统技术导则》：** 国家电网有限公司于 2017年3月24日发布并实施的一项企业标准，主要对电力需求响应系统建设的总体要求进行了规定，包括系统的术语和定义、系统架构、基本功能、性能指标、系统接口与通信、工作环境和安全防护等，适用于国家电网有限公司电力需求响应系统的设计、开发和运行。

▶ Q/GDW 11852—2018《电力需求响应负荷监测与效果评估技术要求》：国家电网有限公司于2019年10月10日发布并实施，主要对电力需求响应负荷监测的数据种类、数据来源、数据监测、数据同步，以及实施效果评估等技术要求进行了规定，适用于国家电网有限公司系统内电力需求响应项目相关负荷监测与效果评估等工作的实施。

小资料

全国智能电网用户接口标准化技术委员会

全国智能电网用户接口标准化技术委员会由国家标准委于2014年8月6日成立，机构编号SAC/TC 549，对口国际电工委员会智能电网用户接口项目委员会（IEC/PC 118）。其主要负责智能电网用户接口领域国家标准的制修订工作，包括电网（运行管理、市场交易、营销管理等应用系统）、第三方服务商与用户之间的接口，以及需求响应、能效管理等智能用电服务领域国家标准的制修订。第一届全国智能电网用户接口标准化技术委员会由40名委员组成，秘书处承担单位为中国电力科学研究院；标委会下设电力需求响应工作组，负责围绕需求响应系统、终端、测评以及业务管理等方面开展标准化工作。

电力需求侧响应主体

本章通过对电力需求侧响应运行体系的阐述，说明不同参与者的职责分工，并介绍负荷聚合商的主要业务、与其他电力企业的差异、负荷控制策略及其在需求侧响应中的作用。

电力需求侧响应运行体系

1. 电力需求侧响应运行体系结构

需求侧响应运行体系以各个信息系统的紧密连接和信息交互为基础，组成需求响应系统。该系统运行的核心包括需求响应服务系统、需求响应聚合系统和需求响应终端，以及支撑这些系统运行的信息通信网络系统。

需求响应系统还包括针对电能供应商的需求响应管理系统，以及针对监管者的需求响应监管系统。电能供应商的需求响应管理系统与电力业务应用

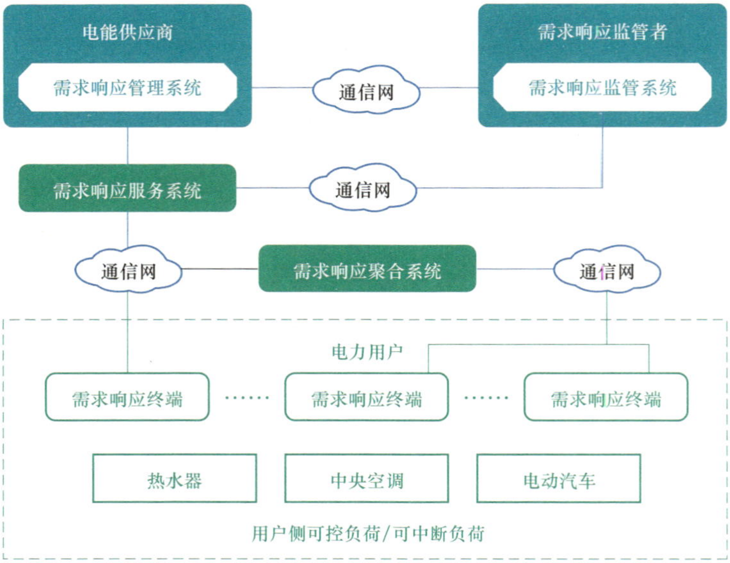

电力需求侧响应运行体系结构

系统连接，需求响应监管系统通过通信网连接需求响应管理系统、需求响应服务系统，监督、指导需求响应业务的执行。

2. 电力需求侧响应参与者的职责

需求侧响应通常需要电力能源供应商、需求响应监督者、需求响应服务管理者、需求响应聚合商以及电力用户等相关方参与，通过信息系统相互连接，实现需求响应信息的传输、反馈和控制。

电力需求侧响应的参与者

目前，我国电力需求侧响应主要有电网企业、负荷聚合商、电力用户等参与者。其中，电网企业在整个运行体系中承担最多的任务，也扮演最重要的角色，既是电能供应商，又是需求响应服务管理者，甚至承担着需求响应市场构建的重任。负荷聚合商作为连接电网企业与用户的桥梁，为电力供需双方提供市场化服务，在需求响应市场中扮演重要角色，并获取合理收益。

▶ **电网企业：**电网企业在需求响应市场既是电力供给环节的需求提出方，又是需求管理者。电网企业主要职能包括：

• 当电网运行负荷达到一定峰值，为保证电网运行安全需要对其负荷进行削减时，提出响应需求；

• 根据响应需求制订需求响应实施计划，并执行响应期间的整体调度；

• 对实际需求响应状况进行实时监测，并开展响应成效分析与评估；

• 制订需求响应激励方案，为完成有效响应的用户提供激励。

▶ 电力用户：作为需求响应的参与者，电力用户主要为电网提供可调节负荷及可控负荷，其职能主要包括：

• 根据需求响应政策，自愿向电力供给方提出响应申请；

• 在接收到响应需求信号时，及时做出负荷响应；

• 获得因实际需求响应得到的激励利益。

▶ 负荷聚合商：负荷聚合商也称为“负荷聚集商”，是将居民用户负荷等数量众多而分散的负荷资源进行汇集和组合，从而形成较大的负荷侧资源参与需求响应，使普通电力用户也能够参与需求响应的新型电力服务企业。在需求响应中，负荷聚合商可以通过采集和分析实时数据，实现对负荷的精确预测，在需求响应产生之前及时介入，迅速生成针对某一需求响应的策略。负荷聚合商的职能主要有：

• 利用先进的智能互动技术，将自身具备的需求侧资源进行集成，形成可参与需求侧互动响应的资源库；

• 依据需求响应交易平台下达的负荷响应信号，通过能源管理系统协调匹配节电需求方案，实现最大限度与负荷响应计划相对应；

• 结合电网实际运行情况与需求响应交易平台的供需状态，及时向用户传递市场价格信号，对用户的需求侧互动响应行为进行合理引导；

• 承担交易中间商角色，对接需求响应市场价格机制和结算机制，完成对负荷集成用户的价格补偿和费用结算。

小资料

山西电力的负荷聚合商

山西省的负荷聚合商准入条件为：聚合用户调节能力不低于2万千瓦，单日累计响应时间不低于2小时。截至2021年初，山西电力交易中心共有4家负荷聚合商注册，聚合用户超过70家。其中，晋能集团作为首家负荷聚合商，于2021年3月14日首次试点开展电力调峰响应，聚合用户最大响应负荷1.2万千瓦，响应电量约3.6万千瓦·时。2021年3月18日，国网山西省电力公司首次组织负荷聚合商通过启动可控负荷参与了电力调峰市场。

负荷聚合商

1. 负荷聚合商的主要业务

负荷聚合商作为中介性质的机构，以直接服务电力用户为基础，同时作为独立主体参与电力交易市场，某种意义上类似金融机构在金融市场扮演的角色。

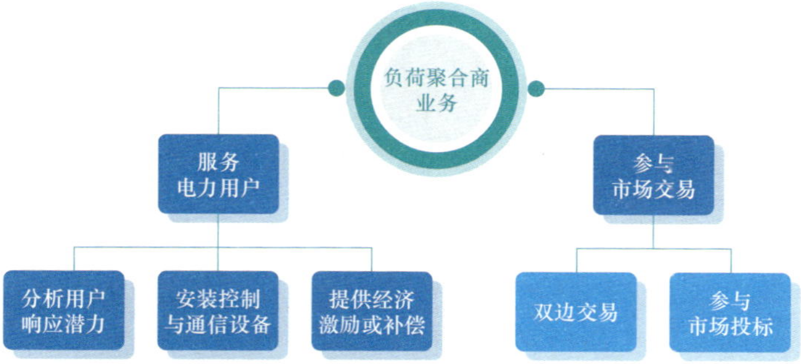

负荷聚合商业务的主要业务

▶ 服务电力用户。针对电力用户，负荷聚合商开展的业务有三项：

• 分析用户响应潜力：分析用户不同用电设备的负荷弹性和响应成本等。一般来说，弹性太小的负荷不适合参与需求侧响应，成本太高的则难以获得预期收益。负荷聚合商通过分析用户负荷特性，评估需求侧响应潜力，可以进一步分析用户提供需求响应的盈利能力，确定有价值的需求响应服务方式。

• 安装控制和通信设备：电力用户要高效率参与需求侧响应，就需要安装相应的控制和通信设备，使电力用户的信号接收、设备控制、数据传输都能够以自动化的方式进行。负荷聚合商可以提供安装服务，也可以利用智能电能表等具有负荷控制功能的设备，加强与用户侧的信息互动。

• 提供经济激励或补偿：为鼓励电力用户参与需求响应，负荷聚合商需要向实际参与需求响应或负荷控制行动的用户提供适当的激励，激励方式视具体情况而定，不拘泥于一种形式，但通常激励都采用经济形式，如电费折扣、额外补偿等。

▶ **参与市场交易。**负荷聚合商参与市场交易的方式包括：

• 双边交易：负荷聚合商通过提供经过整合的需求响应资源，可以与售电企业、发电企业、电网企业等签订双边合同，并依据合同约束执行需求响应业务，在完成实际履约后获得对应的经济收益。

• 参与市场投标：在电力交易市场和辅助服务市场中，负荷聚合商可以参与的竞争性需求侧响应项目，获得更加固定的业务，为用户和电力企业带来更多更稳定的经济收益。

2. 与其他电力企业的差异

负荷聚合商与售电企业、电网企业、综合能源服务企业相比，在业务上存在明显不同。

▶ **负荷聚合商与售电企业：**具有配电网运营权的售电企业一般有自己的配电设备和配电网络，在配电区域内与电网企业享有同等权利和责任。负荷聚合商则是对分散负荷资源的整合，向售电企业提供辅助服务等增值业务。

▶ **负荷聚合商与电网企业：**电网企业主要是电能的供应商，为电力用户提供电能供应，而负荷聚合商是作为一部分电力用户的代表，以整体组合的形式代表电力用户参与电网企业的削峰填谷等需求响应。

▶ **负荷聚合商与综合能源服务企业：**综合能源服务企业的主要服务对象是园区、工业企业、大型公共建筑等，其业务以能效诊断、节能改造为重点。负荷聚合商的具体服务对象则包含工业、商业、居民的可聚合负荷。

3. 负荷聚合商的负荷控制策略

从需求响应系统角度看，负荷聚合商是需求响应资源与其他系统的连接枢纽，负荷聚合商不仅整合单纯的可调负荷参与需求响应，同时也协同电动汽车等储能单元和分布式电源参与市场交易，从而实现需求响应资源价值最大化的目标。

负荷聚合商对掌握的需求响应资源，会根据不同资源的物理特性制订不同的控制策略。按照实现手段划分，其负荷控制策略可分为基于价格和基于合同两大类。基于价格属于间接控制，仍然要依赖于用户的智能响应；基于合同属于直接控制，负荷聚合商依据合同的详细约定安排负荷控制行动，其业务主要也是基于合同开展。

▶ **基于价格的负荷控制策略：**负荷聚合商根据来自运营商的指令，分析用户需求弹性与价格信号的关系，将能引导用户进行负荷转移或削减的价格信号发送给用户。该策略依赖用户的智能响应，负荷聚合商主要帮助用户实现智能用电。例如，将基于小时电价的负荷优化模型，用于工商业楼宇或家庭用户，从而综合优化调度和运营决策，确定用户储能装置的最佳运营方式。

▶ **基于合同的负荷控制策略：**负荷聚合商通过与用户签订合同，获得部分电力终端设备的用电决策权，通过发送功率、温度、启停等控制信号来控制用户负荷。负荷聚合商需要优化大量用电设备之间的控制策略，例如，通过自动恒温装置修改温度或设定设备的启停时序，协调控制大量终端可控家电的用电策略，从而达到期望的负荷削减或需求响应服务。

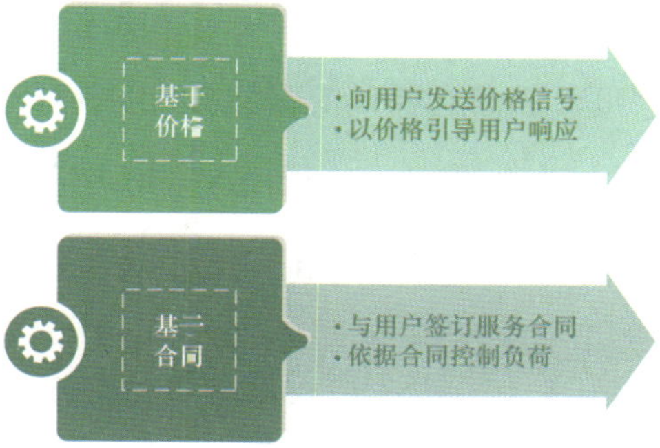

负荷聚合商的负荷控制策略

此外，根据为其他电力系统参与者所提供产品的不同，负荷聚合商对需求响应资源的控制策略又可划分为三类，即削峰填谷、提供辅助服务、最小化用能成本。

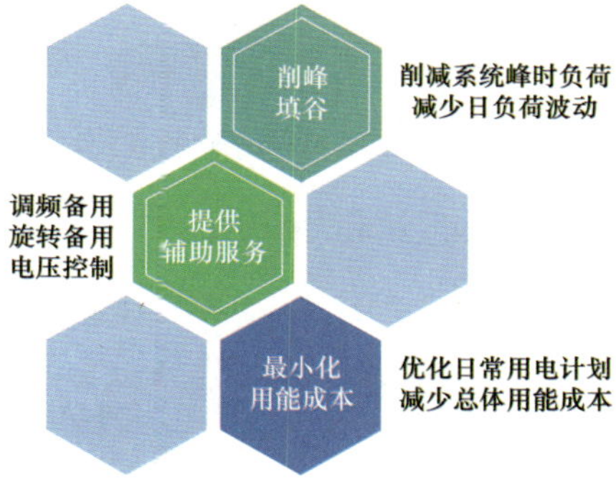

负荷聚合商的需求响应资源控制策略

▶ **削峰填谷：**负荷聚合商通过对需求响应资源进行优化控制，可以参与削峰填谷，或者参与现货电力市场的平衡机制。负荷聚合商通过对电力能源消耗调度框架进行优化，可以实现系统高峰负荷的削减；通过协调控制充放电过程，可以使之成为系统调峰电源，削减系统峰时负荷；通过大规模储能系统容量的优化配置，减小日负荷波动幅度。

▶ **提供辅助服务：**利用需求响应资源，负荷聚合商可以向电力系统运营商提供调频、旋转备用、电压控制等辅助服务。通过制订暖通空调和热水器的轮控策略，进行平衡监管服务；通过对放电功率和时间进行控制，参与日前市场或实时市场交易，向系统提供调频备用；通过制订风电、光伏和热电联产等分布式电源的协调控制策略，参与电力市场并提供辅助服务。

▶ **最小化用能成本：**负荷聚合商可以将最小化用能成本作为控制目标，引导用户优化家用电器等负荷的日常用电计划，减少总体用能成本和电费支出。同时，还可以利用最新的价格和负荷预测数据滚动优化，确定平衡市场中储能装置的实时操作来最小化用能成本。

4. 在需求侧响应中的作用

作为需求侧响应衍生的新兴事物，负荷聚合商在我国还处于起步阶段。从发达国家的实践来看，负荷聚合商将在为电网企业增加辅助服务资源、为中小型负荷提供市场参与机会、为电力交易市场注入新鲜动力、为节能减排大局贡献持续动力等多个方面发挥巨大作用，助力电力市场平稳运行的同时，最大限度降低用户用电成本。

负荷聚合商的作用

▶ **为电网企业增加辅助服务资源。**对电网企业而言，负荷聚合商的参与使其能够获得新的辅助服务来源，包括一次调频、自动发电控制、调峰、无功调节、备用、黑启动等。在传统体制下，电网企业只能通过发电侧来获得辅助服务，负荷侧资源的开发利用分担了发电侧的压力，大大降低了电力系统的运营成本。

▶ 为中小型负荷提供市场参与机会。中小型负荷由于单个容量和弹性水平达不到参与电力市场的要求，无法参与电力需求侧响应市场的投标，同时，中小型负荷用户如果分别与电网企业签订数量众多的合同，也会造成电网企业管理与控制上的困难。负荷聚合商正好解决了上述问题，帮助这部分闲置的需求响应资源得到参与市场的机会。

▶ 为电力交易市场注入新鲜动力。负荷聚合商能够预测用户一定时段内的负荷水平，并根据用户的响应行为，制订有效的激励措施，以此提升需求响应市场对中小型用户中的吸引力。负荷聚合商通过提供创新服务产品，还有助于推动电力交易市场的发展，促进电力系统实现安全、可靠和经济运行。

▶ 为节能减排大局贡献持续动力。负荷聚合商不仅让中小型负荷得到了参与电力市场的机会，也进一步促进了其用电方式的合理化。在分布式能源、车网互动等快速发展背景下，依托负荷聚合商提供的专业设备和先进技术，用户能够更加科学、经济地用电，从而在整个社会节能减排方面形成持续的发展动力。

小资料

欧美负荷聚合商的运作模式

欧美国家的电力市场比较发达，负荷聚合商的发展也相对较早。在美国，负荷聚合商主要参与系统运营商的需求响应项目，以减少高峰负荷、增加系统的安全性。大多侧重聚合大用户，也有些侧重居民用户的空调或热水器的直接负荷控制。在欧洲，负荷聚合商的业务更多与负责电力系统平衡的责任方相关，而非电力系统的运营商。

欧美负荷聚合商运作模式概览

企业名称	核心业务	需求响应资源聚合的目的	资源类型	合同	技术	用户利益
EnerNOC	能源管理服务	向输电系统运营商销售需求侧响应资源	大用户	根据用户的弹性单独制定合同	通过用户能量管理系统直接负荷控制	直接负控的补偿：100美元 / 千瓦
Comverge	需求响应	向电力公司和输电系统运营商销售需求侧响应资源	居民用户为主	允许负荷控制的用户获得 100 美元	智能温度控制器和网站	免费的技术咨询，负荷控制的补偿
Energy Response	需求响应	向各种类型的市场和项目销售需求侧响应资源	所有类型的非居民电力用户	1~2 小时的调度，考虑相关的约束	提前制订调度计划	基于测量装置的已削减负荷的补偿
Flextricity	电力供需控制	向不同的市场销售负荷弹性	大型工商业用户、备用电源和小型水力发电机	单独制定合同，考虑特定情况	直接负荷控制、对用户侧设备的附加投资	根据合同进行补偿

电力需求侧响应技术、设备与平台

本章介绍电力需求侧响应中的新技术、新设备，并对电力需求侧响应平台与系统的主要功能作简要说明。

需求响应中的新技术

1. 非侵入式负荷监测技术

传统的负荷监测需要在负荷内部的每个或每类用电设备加装传感器，利用侵入式的测量，实现对用电设备能耗及运行状况的监测与分析。非侵入式负荷监测技术则是一种无须对负荷内部进行侵入式的测量，即可了解用电设备类型、实时功率消耗及运行状况，实现电力负荷分析的新技术。

非侵入式负荷监测技术以具体到户内用电设备级的用电信息为检测目标，利用在总电源入口处安装的传感器，采集负荷总电流和端电压，并以提取的负荷特征模式为基础，通过对电压、电流及功率数据的分析，识别负荷特征，完成对电力负荷的组成分析，进而获得总负荷内每个或每类用电设

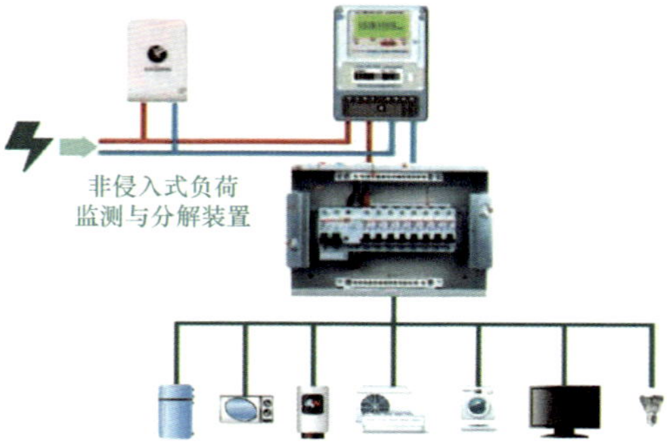

非侵入式负荷监测分析

备的功率和工作状态等信息，知晓每个或每类电气设备的耗电状态和用电规律。非侵入式负荷监测系统是负荷监测的一个重要发展方向，随着新型电力系统的建设，还将会衍生出更多的作用和功能。

2. 需求侧资源利用技术

需求侧资源利用技术泛指以“大云物移智链”等先进信息技术为基础，结合需求响应业务实践开发形成的新技术，包括需求侧资源协同规划技术、运行控制技术和优化调度技术三大类，用于对电力需求侧的各类负荷资源进行统一规划、运行控制和调度管理，使需求侧资源能够在需求响应中得到充分、合理、有效的利用。

需求侧资源利用技术

▶ **需求侧资源协同规划技术：**需求侧资源协同规划技术主要是将需求侧资源常态化纳入系统规划，在规划阶段就做好各类资源的协同，从而实现系统经济性的最优化，提高系统效率和降低系统成本。目前研究热点方向有：针对灵活性资源规划的源、网、荷、储四元结构平衡规划方法，考虑环境成本和需求侧管理的电源规划方法，考虑可再生能源与需求响应协同增效的规划方法等。

▶ **需求侧资源运行控制技术：**需求侧资源的运行控制技术主要是其参与调频和保障电力系统安全稳定运行等方面的技术，是将需求侧资源纳入电网运行控制的重要基础。这些技术和方法包括：通过模糊控制调节需求侧各类变频空调的出力，辅助发电机组改善系统的动态调频性能，支撑特高压互联电网安全稳定的负荷友好互动技术等。

▶ 需求侧资源优化调度技术：这些技术和方法大多是以提高新能源利用率为优化目标，主要考虑的是需求侧资源与电源的协同优化调度。目前，在大电网和园区层面的研究和试点应用较多，例如，考虑火电深度调峰主动性与需求响应的含储能电力系统优化调度技术。配电网和园区层面主要是围绕提升能源综合利用效率等目标展开，例如，用来解决传统工业园区能源利用效率低、电能紧缺等问题的园区多能源系统综合需求侧响应策略。

3. 多能综合利用技术

多能综合利用技术是在能源互联的多能源网络系统中，对包括电力能源在内的多种能源进行综合利用的先进技术，包括多能流置换技术、多能源智能管理技术、综合用能特性预测分析技术等一系列新技术，可以促进能源系统实现更灵活、更高效、更智能的响应。

▶ 多能流置换技术：多能流置换技术可实现多能流汇聚输入、置换输出以及多能互补利用，是实现用户能源消费具有可选择性的重要途径，其关键设备是能源集线器。

多能综合利用技术

▶ **多能源智能管理技术：** 未来电力系统中，家庭能量管理（Home Energy Management，HEM）、自动需求响应（Automated Demand Response，ADR）等智能用电管理技术将逐渐成熟，智能用电将进入实施阶段。多能源智能管理技术在保证用户的基本用能需求和用能感受的同时，能够更便捷地实现供需互动。

▶ **综合用能特性预测分析技术：** 在新型电力系统建设背景下，电力用户的角色正在从单向的电力能源消费者向双向的生产消费者（产销者）转变。用户的综合用能特性是其能量生产与消费单元自平衡后的外部表现特征。综合用能特性预测分析技术将对用户基本用能需求、各类型分布式能量单元出力及可调控潜力等进行精准的分析和预测，使电力需求侧响应更加高效和准确。

小资料

具有非介入式负荷识别功能的智能电表

2021年，国网湖南省电力有限公司在长沙、湘潭等5个低压台区首批试点安装543只智能物联电能表。该表配置非介入式负荷识别模块，能够获取电压、电流高频采样波形；结合电器特征组合算法，还可以识别用户电器的用电量和用电时段。

以智能电能表为基础，还可以加装谐波计量、端钮测温、计量误差自监测等功能，使电能表的使用寿命从10年延长到16年，并且可以预知电能表发热、烧表等隐患；解决高铁用电、电信塔用电等可能存在计量盲区的问题；精准感知分布式电源、新能源汽车充电设施、高次谐波污染设备接入电网引起的高压高频干扰，防范各类风险。

需求响应中的主要设备

1. 能量路由器

能量路由器（Electric Energy Router）也称为“电力能量路由器”或“电能路由器”，是效仿互联网技术中路由器的功能与作用，综合利用电力电子技术和先进信息技术开发的一种新设备。能量路由器一般有多个端口，采用适应电能双向流动的变流器，并融合电网信息系统功能，具备即插即用的接入通用性。能量路由器的各个端口所接入的设备可以是用能设备，也可以是供能设备，并且能够接收能源管理系统下发的指令，依据电能信息交互进行电能调度，通过计算、通信、精确控制、远程协调和自治，实现对不同能源载体的输入、输出、转换和存储以及对电网负荷的主动管理。

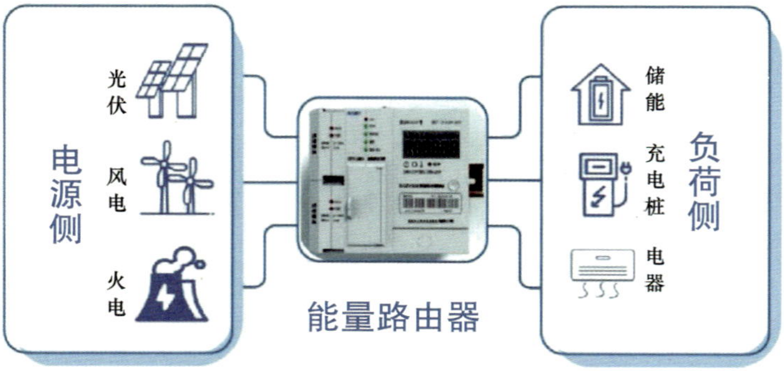

能量路由器示意

能量路由器是开展需求响应的一个关键设备，具有以下功能特点：

• 采用全柔性架构的固态设备，兼具传统变压器、断路器、潮流控制装置和电能质量控制装置的功能。

• 集成坚强的通信网络功能，并具有信息融合的智能控制单元，可实现自主分布式控制运行和能量管理。

• 可以实现交直流无缝混合配用电，为分布式电源、柔性负荷（分布式储能、电动汽车）装置提供即插即用的接入。

2. 智能配变终端

智能配变终端包括开关站终端设备（Distribution Terminal Unit，DTU）、馈线终端设备（Feeder Terminal Unit，FTU）、智能综合配电变压器终端（Intelligent Distribution Transformer Terminal Unit，TTU）等。

▶ 开关站终端设备（DTU）：开关站终端设备是通常安装在常规开关站、户外小型开关站、小型变电站、箱式变电站、环网柜等场所的智能配电终端设备，具备遥测、遥信、遥控和数据传输等功能，用于采集和计算开关设备的位置、电压、电流、电量、有功功率、无功功率、功率因数等数据，并对开关执行分合闸操作，实现故障识别、隔离以及对非故障区间恢复供电等，部分DTU还具备保护和备用电源自动投入功能。

▶ 馈线终端设备（FTU）：馈线终端设备是通常架设在馈线开关（即户外的柱上开关）旁边的开关监控装置。馈线终端设备采用先进的DSP数字信号处理技术、多CPU集成技术、高速工业网络通信技术，配备嵌入式实时多任务操作系统，具有稳定性强、可靠性高、实时性好等特点，适应环境广，功能强大，是一种集遥测、遥信、遥控、保护和通信等功能于一体的新一代馈线自动化远方终端装置。馈线终端设备适合在城市、农村及企业配电

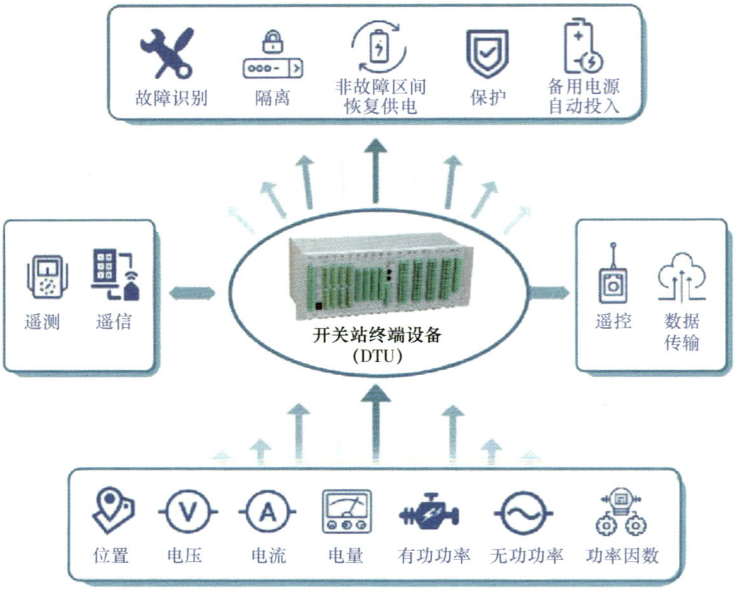

开关站终端设备功能示意

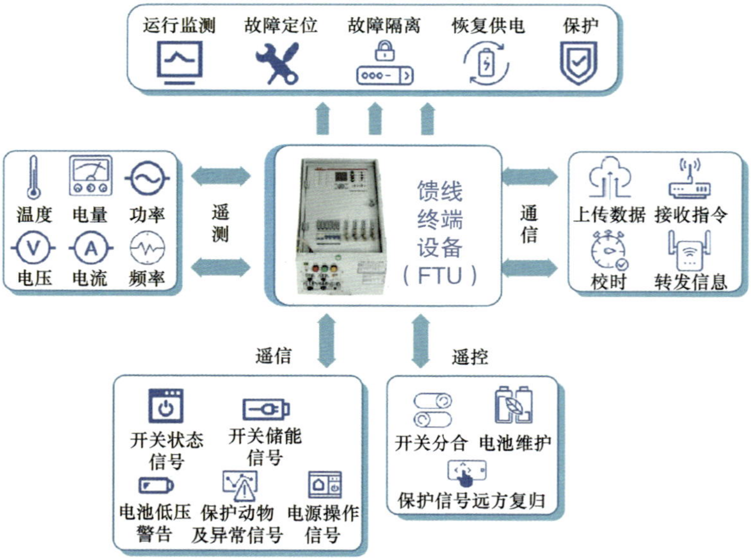

馈线终端设备功能示意

网的自动化工程中应用，可以实现对环网柜和柱上开关的实时监测与自动控制，配合配电子站、主站完成对配电线路的运行监控和故障区域判断，执行故障隔离、恢复供电及保护等。

▶ **智能综合配电变压器终端（TTU）：** 智能综合配电变压器终端是一种集计量、电能质量监测、配电变压器工况监测、无功补偿等功能于一体的配电终端设备，可以监测和记录配电变压器的运行工况，根据低压侧三相电压、电流采样值，每隔1～2分钟计算一次电压/电流有效值、有功/无功功率、功率因数、有功/无功电能等运行参数，记录并保存一段时间和典型日上述数据的整点值，电压、电流的最大值、最小值及其出现时间，供电中断时间及恢复时间等。

供电企业可以利用智能配电变压器终端，对配电变压器的运行工况进行实时监测，并将采集的数据信息传送至主站或其他智能装置，及时发现和处理配电系统中的突发故障和紧急事故等情况，并就地与远方进行无功补偿和有载调压，实现对配电系统的智能化运行控制和高效管理。

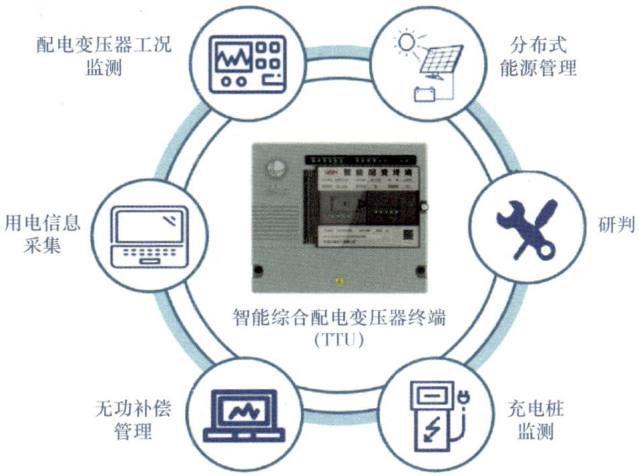

智能综合配电变压器终端功能示意

3. 边缘计算终端

边缘计算终端是一种具备边缘计算能力的电力终端设备，在“云—边”融合系统中支撑海量异构信息深度感知和高效处理，是实现电力物联网业务多元化、生态化的关键节点。边缘计算终端采用容器技术，可以构建多个具有计算并行性的容器，适配各个基础服务的计算资源需求，以边缘计算为出发点，在采集端就地完成数据采集和基础计算任务，具有减轻主站计算压力、提升实时响应效率和增强数据安全保障等多重作用。

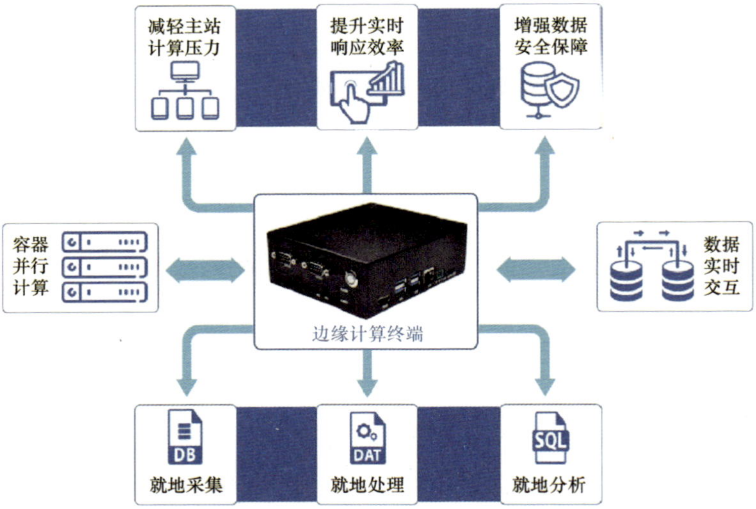

边缘计算终端功能示意

▶ **减轻主站计算压力：**边缘计算终端距离用户更近，在边缘节点处就能完成对数据的处理和分析，无须全部上传到云端，可以最大限度减轻对网络带宽和主站数据计算能力的压力。

▶ **提升实时响应效率：**边缘计算终端整合数据采集、处理、执行三大能力，可避免数据上传下达所产生的时延问题，显著提升响应速度和处理能力，提高整体运维效率和降低综合成本。

▶ **增强数据安全保障**：边缘计算终端可以将涉及用户隐私的数据存储在网络边缘终端上而无须上传，由此减少网络数据泄露的风险，为用户数据安全及隐私提供可靠保障。

4. 台区智能融合终端

台区智能融合终端是部署于中低压配电台区和用电侧，具有边缘计算能力的物联节点。台区智能融合终端一般遵循硬件平台化、功能软件化、结构模块化、软硬件解耦、通信协议自适配的设计思路，内置标准型核心板和智联单元，将基站功能与终端设备融为一体，具备配电台区供用电信息实时采集、电能表和采集终端海量数据存储、设备状态监测、通信组网、边缘计算、就地分析决策、物联代理等多种功能。

台区智能融合终端可以分担主站功能，实现对用户以及包括电能表在内的用采终端设备的智能管控，保障信息实时互联互通，支撑配电、营销及用户侧的各种新兴应用场景，推动配电网实现物理互联、信息互联、业务互联，助力配电物联网和能源互联网不断趋近能源流、信息流、业务流和价值流的最优配置。

台区智能融合终端可以允许多种通信协议接入，支撑各版本智能电能表、各级开关、智能物联锁具、分布式电源、有序充电桩、水气热表等台区及客户侧设备的泛在接入和边缘管理，满足远程抄表、远程费控、低压配电网运行状态监测、电能质量综合治理、精准时钟管理等应用需求，解决配电网接入设备种类与数量繁多、标准不统一和末端通信困难等难题，还可以支持配电与用采业务，实现配用电设备广泛互联及不同设备间数据交互共享。有的台区智能融合终端还可以兼容低压智能开关、光伏逆变器、充电桩智能

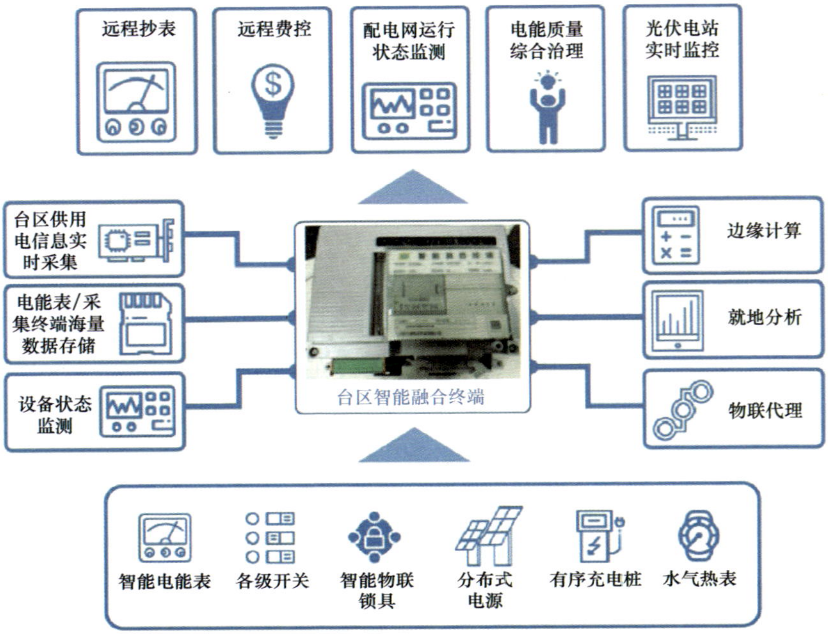

台区智能融合终端功能示意

控制器、无功补偿装置等应配感知设备，实现光伏电站实时监测控制、可开放容量分析等高级应用。

小资料

基于“国网芯”的台区智能融合终端

2019年，国家电网公司采用基于“国网芯”主控芯片自主研发的台区智能融合终端，开发配电物联网建设方案，在北京、湖南、新疆、福建等11个省（市区），数百个台区进行了产品及方案验证，实现了对各种版本智能电能表、各级开关、智能物联锁具、随器计量、分布式电源、有序充电桩、水气热表等台区及客户侧设备的接入和边缘管理，解决了接入配电网中设备种类与数量繁多、标准不统一和末端通信困难等问题。

需求响应平台与系统

1. 智能化响应平台

利用智能电能表、智能终端设备、能量路由器等新设备，借助负荷监测技术、需求侧资源利用技术和多能综合利用技术，可以进一步搭建形成智能化的需求响应平台，实现对各类负荷侧资源、负荷聚合商、电力用户等需求响应资源和参与者的高效管理与支持。智能化需求响应平台的核心功能包括需求侧响应资源管理（潜力评估、资源遴选、考核激励）、需求侧响应过程管理（信息发布、响应确认、响应检测、数据采集、计量核算、效果评估）以及需求侧响应辅助决策（预警监控、统计分析、策略优化）。

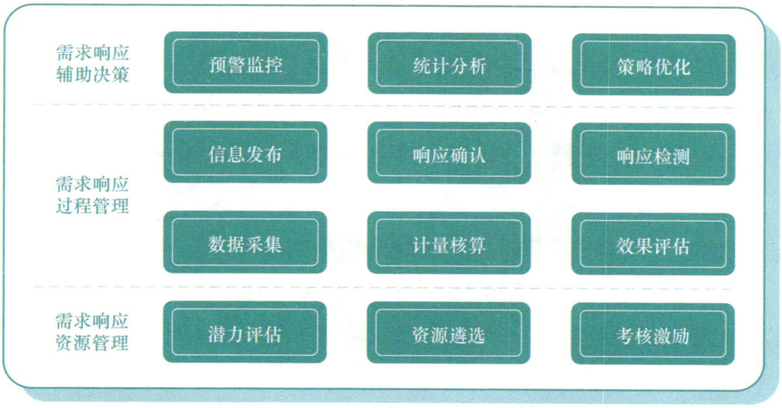

需求响应智能化管理平台

需求响应智能化管理平台能够利用计量自动化、调度和营销等系统的数据，开展需求响应潜力评估、需求响应资源遴选，以及需求响应监测和效果评估，实现对需求响应的全过程实时监控和分析。电网企业可以通过需求响应管理平台，整合电力负荷控制平台、电力调度平台等系统的数据资源，实现对负荷聚合商和用电企业需求响应项目的智能化分类管理。

2. 第四代能量管理系统

能量管理系统（EMS）是融合应用信息技术和电力电子技术，用来监测、分析、控制和优化发电系统或输配电系统性能的一种信息系统。第四代的能量管理系统也称为多能互补的综合能量管理系统（ IEMS)，其管理范畴已经不限于电力能源，而是将冷、热、气、电、水等多种能源进行集成和综合，其基础是一个多能源流的综合能源系统。

第四代能量管理系统是针对不同能源相互割裂、综合能效偏低、灵活性资源利用不足等问题提出的旨在实现多种能源互联综合和梯级利用的解决方

第四代能量管理系统主要功能

案，其作用还包括从多种能源中找到新的灵活性资源、支持大规模新能源和可再生能源的消纳，以及通过效益最大化的综合优化调度，在保障供能安全和优质前提下，最大限度降低用能成本，提高综合能源服务的经济效益。

第四代能量管理系统具有主要功能包括多能流数据采集与监视控制（SCADA）、多能流状态估计、多能流安全评估与控制、多能流优化调度、多能流节点能价。

▶ 多能流数据采集与监视控制（Supervisory Control and Data Acquisition，SCADA）：SCADA是第四代能量管理系统的“感官系统”，通过能源物联网采集多能流数据（电能采样频率一般为秒级，热/冷/气为秒级或分钟级），完成相应的监测功能，并将数据提供给状态评估及后续高级应用功能模块，接收系统运行调控指令，并通过遥控、遥调信号，下发给系统设备执行。

▶ 多能流状态估计：多能流状态估计可以为第四代能量管理系统进一步进行安全评估和决策提供实时、可靠、一致、完整的网络状态。通过补齐量测数据、剔除坏数据，可以实现坏数据的可估计、可检测、可辨识，达到减少传感器安装数量、降低通信网络复杂程度、降低传感网络的投资和维护费用的效果，通过提高基础数据的可靠性来提高评估与决策的可靠性，降低能源网络运行事故风险。

▶ 多能流安全评估与控制：通过多能流安全评估与控制，对多种能源进行耦合分析，利用热、气等系统的惯性提供的灵活性，为电力系统的安全控制提供新手段，避免发生局部故障和扰动对多能流系统其他部分造成影响，实现多种能源的协同安全控制。

▶ 多能流优化调度：通过多能流优化调度，可以采用比单一能源系统更丰富的调控手段，从源、网、荷、储角度协同运行角度，提前制订日前调度计划，根据光伏、风电等新能源实际出力和负荷变化状况，实施日内调度甚至秒级控制，适应新型电力系统情形下复杂的发电出力和用能需求，维持最优的出力和负荷的平衡，实现冷、热、气、电等多种能源的综合调度和优化控制。

▶ **多能流节点能价：**用能成本一般由能量发出成本、传输损耗成本、网络阻塞成本、多能耦合成本等组成。利用多能流节点能价功能，可以对冷、热、气、电等多种能源在不同时刻、不同地点的价格进行科学精准的计算，建立成本最优的用能方案，引导用户合理用能，促使总体用能成本下降。

小资料

北京电力需求侧管理服务平台

北京市电力需求侧管理服务平台是由北京市政府组织建立的一个智能化需求响应平台，接入部分负荷集合商的企业平台和北京节能环保中心的公共机构监测平台。该平台由市级平台、集成商平台、用户平台三级架构组成，能够实现三级平台响应信号的信息化传递和响应数据的实时采集。其中市级平台具备需求响应功能，可以实现需求响应事件和实施指令发布，并对实施数据进行监测和统计。需求响应用户可以通过负荷集成商平台，接入市级平台，由负荷集成商对用户进行需求响应全过程管理。

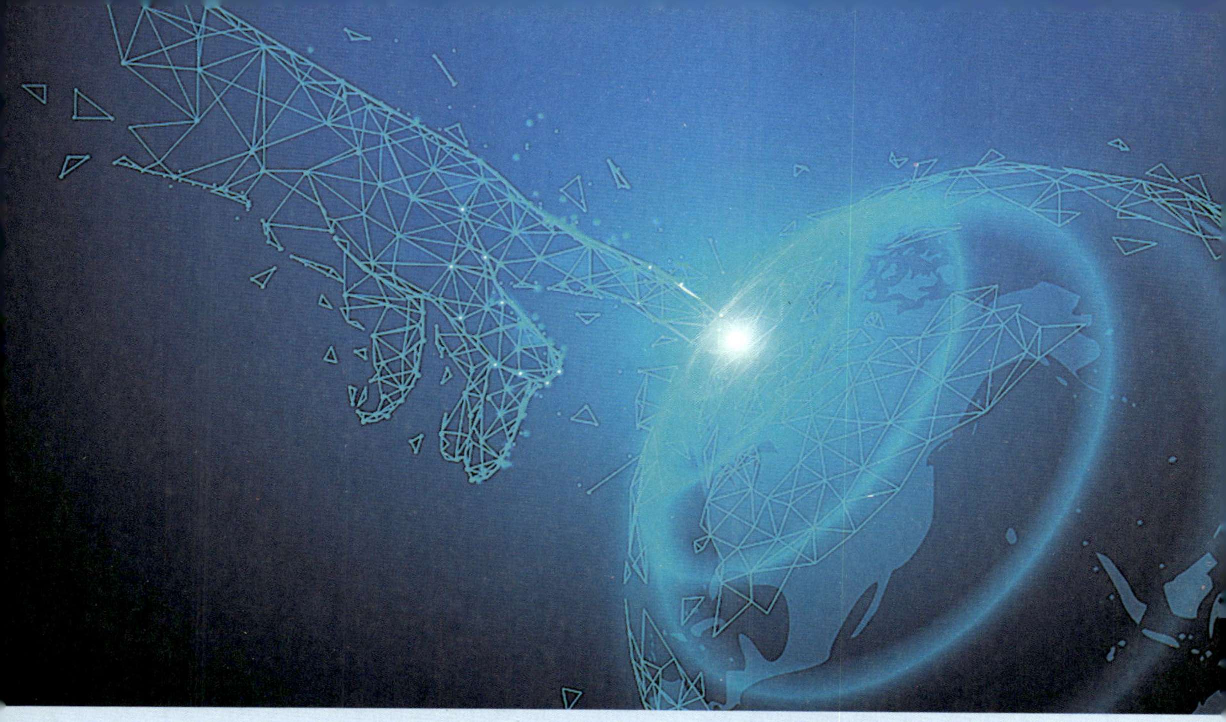

电力需求侧响应基本流程

本章介绍参与电力需求侧响应的申请条件、可选择的响应方式，解释电力需求侧响应的执行过程与效果评估方法，并对电力需求侧响应的激励措施做简要说明。

需求响应的申请与准备

1. 需求响应的准入申请

现阶段，参加需求侧响应的电力用户，需要先检查自身的负荷条件等是否满足要求。在条件满足的情况下，才可以提出参与需求响应的申请。除了大用户，对于基数大、分布广、个体响应能力较小的居民用户和小微商业用户，我国也持鼓励态度，鼓励其积极参与需求响应，从而扩大柔性资源池的用户资源，提升需求响应项目的电力负荷调节能力。

一般来说，无论是用电企事业单位还是居民用户，只要具有独立电力营销户号，具备完善的负荷管理设施和用户侧开关设备，并接入电力需求响应智能化管理平台，可以实现重点用能设备用电信息在线监测，均可参与需求响应。但实际执行过程中，针对不同类型的用户，特别是企业用户，通常还会附加具体的响应能力要求等条件。其中：

▶ **用电企业：**在申请时需要提供需求响应工作预案，承诺负荷响应量、负荷响应次数及响应方式等，并提供保障响应能力的措施，对可能发生的紧急情况制订应对方案。同时，还需要提供主要用电设备清单，包括设备类型、设备容量、响应参与方式（调节或关停）、是否可监测等。

▶ **负荷聚合商：**一般需要通过需求响应平台提交参与申请单，提供所服务用户的详细名单、主要响应设备清单以及用户管理方案等，并说明相应的配套设施和设备。

需求响应申请由电网企业组织审核，审核通过后公示审核名单。电网企业则一般会定期对参与企业开展资质审查和需求响应能力评估，以及时掌握参与需求响应的用户及负荷情况。

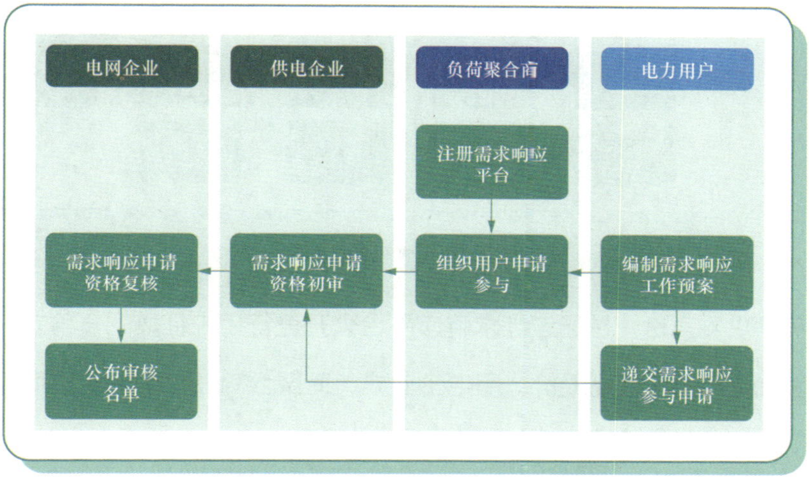

需求响应参与资格申请流程

对于符合响应资质与条件要求的企业用户或负荷聚合商，电网企业将直接与其签订需求响应协议，并确定响应量。对居民用户，则一般由用户与负荷聚合商签订协议，经负荷聚合商聚成“用户”来参与响应。

2. 需求响应方式选择

在获得需求响应的准入资格后，用电企业或负荷聚合商就可以参与具体的响应需求。目前，电网企业采用的需求响应方式主要包括需求邀约和需求侧竞价两种方式。

▶ **需求邀约：**电网企业报政府审核后，确定一个固定的补贴标准，再由电网企业通过需求响应平台向用户发出邀约，最终综合客户反馈信息，确定参与需求响应的用户名单。

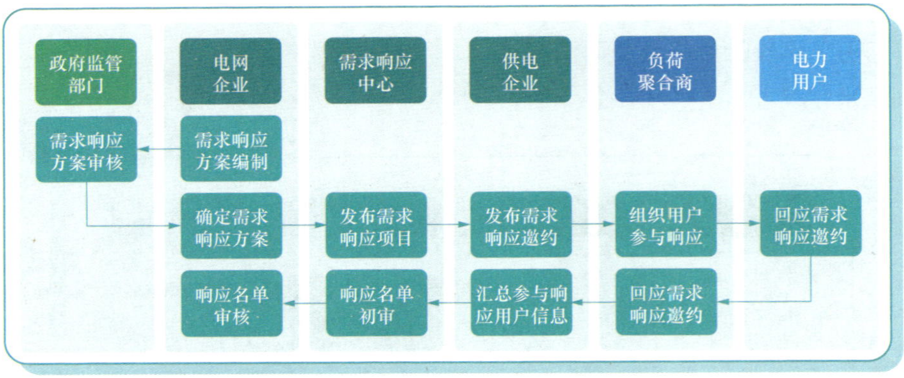

需求响应邀约流程

▶ **需求侧竞价**：是通过需求响应平台公开进行用户征集的一种方式，由电网企业测算确定最高限价，用电企业或负荷聚合商提供可响应负荷量和报价，报价超过最高限价者无效，电网企业按报价由低到高确定成交单位，之后按边际价出清。

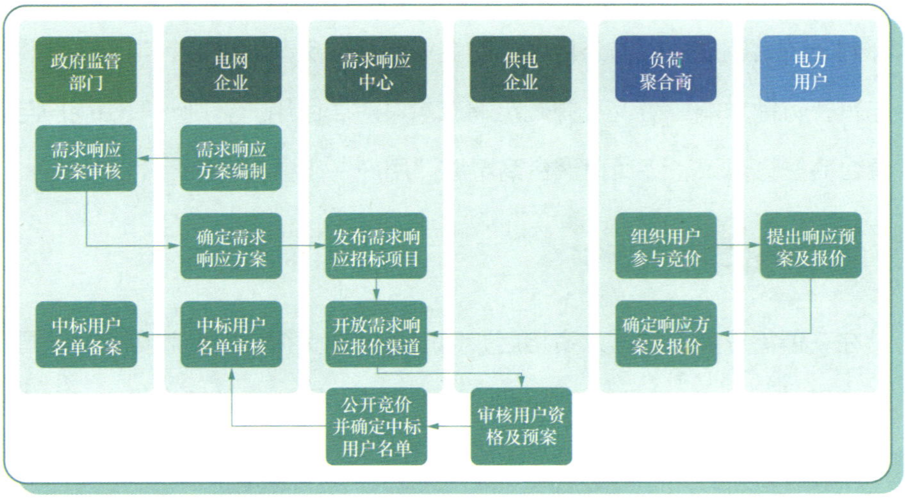

需求响应竞价流程

需求响应方式一般可以根据需求响应工作的发展情况、市场的接受程度等进行选择，初期往往采用“需求邀约+需求侧竞价”相结合的方式，等市场逐渐成熟后则适合采用需求侧竞价的模式。

小资料

北京“煤改电”用户参与需求响应方式

针对北京地区“煤改电”用户，国网北京市电力公司（简称国网北京电力）提出了多种参与需求侧响应的模式，并在实践中不断探索完善。对直接参与的用户设计出主动参与和被动参与两种模式，同时还提供了“煤改电”用户通过负荷聚合商参与的渠道。

· 用户主动参与：通过移动App、微信、短信等途径给用户推送需求侧响应的内容，用户在移动App上主动参与。

· 用户被动参与：根据用户的日平均电量、负荷等提供需求侧响应的几种模式供用户选择：一是约定用户默认参与每次的需求侧响应，整体给予用户一定金额的补贴；二是补贴按照需求侧响应的次数计算，每响应一次，计算补贴费用一次；三是按照用户参与需求侧响应的负荷进行补贴；四是综合用户需求侧响应次数、响应时长、响应负荷，综合计算需求侧响应的补贴。

需求响应的执行与评估

1. 需求响应的执行过程

需求响应的执行过程一般包括响应启动、响应邀约和响应执行三个步骤。

需求响应的执行过程

▶ **响应启动：**在达到需求响应启动条件时，电网企业对响应负荷需求进行预测，并申请启动需求响应。根据电网安全稳定运行需要，需求响应一般分为削峰需求响应和填谷需求响应，原则上在具备以下条件时启动：

• 削峰需求响应启动条件：电网备用容量不足或局部负荷过载，或者因其他不确定因素造成电力供应缺口时，电网企业可启动削峰需求响应。

• 填谷需求响应启动条件：当用电负荷水平较低、电网调差能力不能适应峰谷差，或者受可再生能源波动性、间歇性影响，难以保证电网安全稳定运行时，电网企业可启动填谷需求响应。

▶ **响应邀约：**电网企业一般需要提前24小时，通过需求响应平台发布需求响应调控指标信息，并向协议用户发出响应邀约。协议用户在收到邀约后，一般需要在1小时内反馈是否正常参与该次需求响应。需求响应中心根据反馈信息，统计和测算负荷响应量，如果不能达到调控指标，缺口部分将启动有序用电程序。

▶ **响应执行：** 确定参与需求响应的用户需要在响应日的约定时段，执行需求响应，按照协议中约定的负荷量削减或增加负荷。

2. 需求响应的效果评估

在需求响应项目执行结束后，电网企业需要及时开展需求响应的效果评估，按照协议为有效响应的用户提供补贴激励，并根据评估效果对需求响应交易机制进行持续优化和完善。响应效果的评估一般涉及负荷数据采集、基线负荷计算、综合效益评价、执行效果评估和执行效果反馈五个步骤。

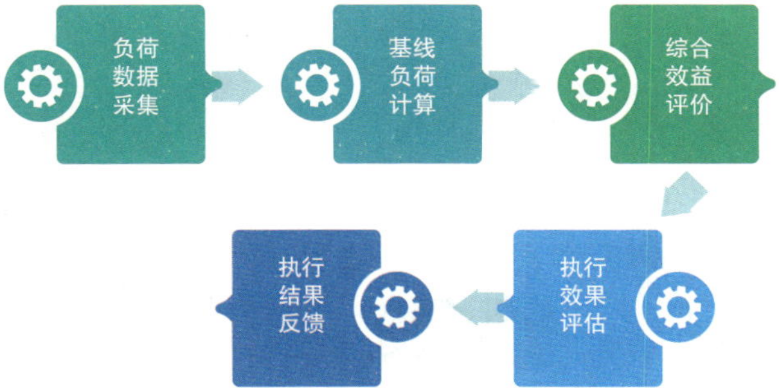

需求响应效果评估步骤

▶ **负荷数据采集：** 通过电力需求侧管理平台实时监测、自动记录并判断需求响应实施效果，用电信息采集系统为核定用户关口负荷响应量和响应时间提供数据支撑。

▶ **基线负荷计算：** 用户基线负荷是指在需求响应事件期间，用户不参与需求响应的情况下，经计算得出的用户用电负荷。用户基线负荷是需求响应综合效益评价的基础，一般采用日负荷平均法计算，也可以采用需求响应参与各方认可的其他算法。

▶ 综合效益评价：需求响应需基于经济效益、环境效益和社会效益等考虑构建综合评价体系，并制订多元化的响应方式和激励补偿政策，从而引导用电企业调整优化用电行为，促进新能源发电并网，实现分布式新能源集成优化利用。

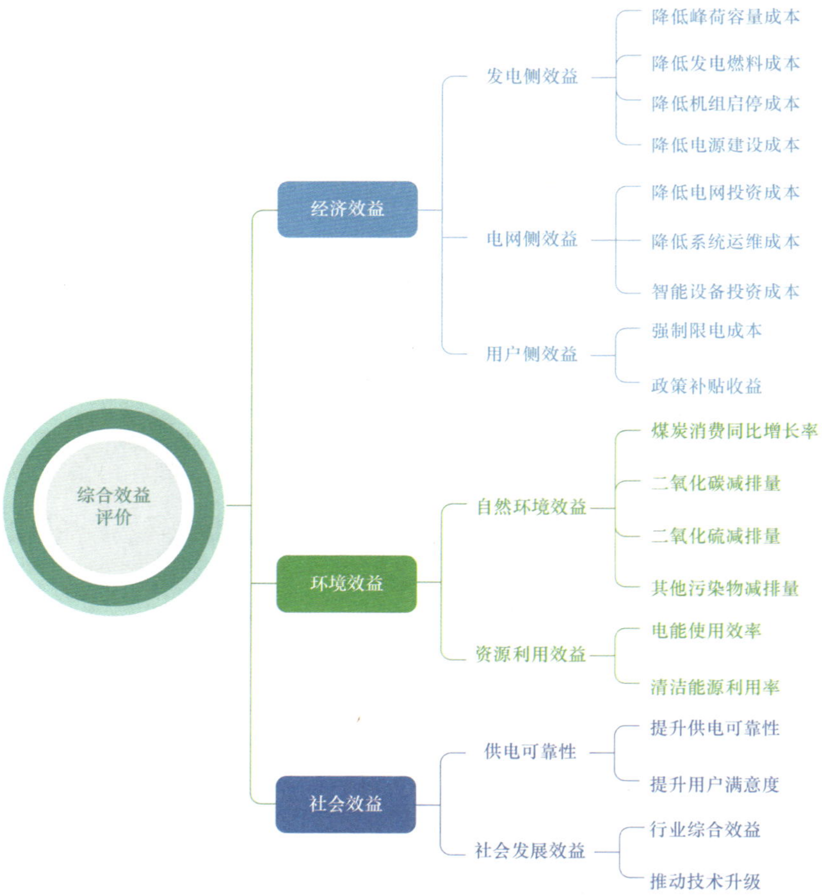

需求响应综合效益评价指标体系

▶ **执行效果评估**：执行需求响应次日，电网企业对用户响应日当天监测负荷进行冻结，作为有效性判定的主要依据。通过比对用户实际负荷和基线负荷，可以确定用电企业、电网企业、发电企业在参与需求响应项目过程中的收益情况。常用指标：

需求响应效果评估指标

▶ **执行结果反馈**：电网企业将评估后的执行结果提交审核，审核通过后，在需求响应平台进行公示，并及时告知用电企业。用电企业和负荷聚合商如对效果评估有异议，可提出复查申请。需求响应效果评估完成后，电网企业将对相关数据进行备案。

小资料

日负荷平均法

在负荷基准计算时，最常采用日负荷平均法，该计算方法包括数据选择、数据处理和结果修正三个步骤。

· 数据选择：当事件发生日为工作日时，需要从事件发生前2天向前选择对应时段10天的历史负荷，作为计算基线负荷的典型日，历史负荷不应包括非工作日和事件日；当事件发生日为非工作日时，应从事件发生前2天选择对应时段4天的历史负荷作为计算基线负荷的典型日，历史负荷不应包括工作日。

· 数据处理：根据选取的典型日每小时负荷的数据，计算事件时段每小时的负荷平均值，即为用户在事件发生时段未修正的基线负荷。

· 结果修正：基线负荷调整因子为事件预约通知前2小时的负荷平均值与所选的典型日对应该时段的总负荷平均值的比值，调整因子取值一般限定为0.8~1.2，用户基线负荷应根据计算出的未修正的基线负荷乘以调整因子得出。

需求响应的激励

1. 工商业用户需求响应激励

由于工商业用户的响应负荷具有一定规模，且响应用户数量有限，适合采用补贴的方式与用户进行直接结算。为鼓励用户积极参与需求侧响应，针对不同类型、不同规模的电力用户，电网企业通常会设计差异化的需求响应激励方式。以北京为例，北京地区工业、楼宇空调用户的需求响应激励是通过“基准价+分类补贴”的方式进行。

对于工业用户，需求响应激励基准价格的设计一般采用失负荷价值理论，当用户参与削峰需求响应时，即认为其在该时间段内造成一定经济损失，需使用市场价格补偿的方式来弥补其经济损失，这个补偿标准就作为工

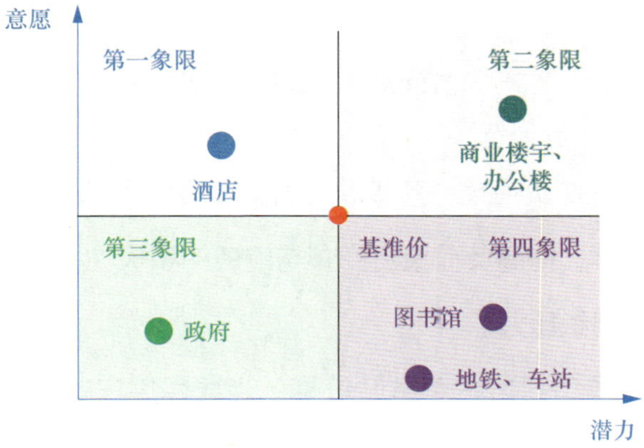

楼宇空调用户分类浮动补贴

业用户的削峰基准价。当用户参与填谷需求响应时，由于其对电网影响不如削峰影响大，补偿价格一般在削峰基准价上适当折扣。

对于楼宇空调用户，初期可按基准价试行，后期采用合同模式锁定楼宇空调响应资源，并实施远程控制，采取差异化需求响应补贴标准。差异化需求响应补贴标准即根据用户响应潜力和意愿的不同，划分不同补贴标准区域，在基准价基础上对补贴标准进行适当浮动。

2. 负荷聚合商需求响应激励

通常情况下，负荷聚合商在需求响应过程中可作为某一区域的能源服务商，协调区域内所有非居民用户和居民用户，高效开展需求响应实施，其激励价格根据用户性质的不同一般分为以下两类。

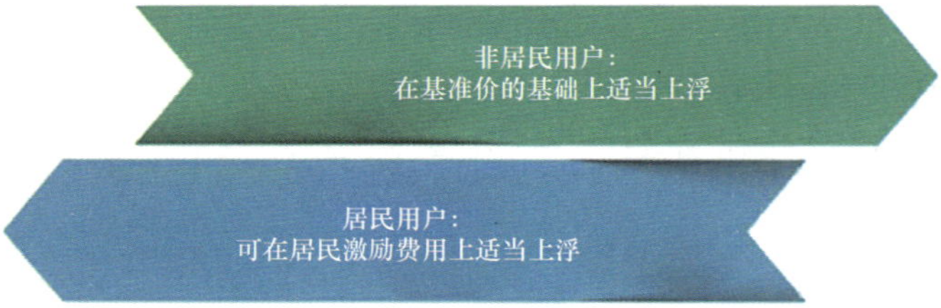

负荷聚合商需求响应激励价格

▶ **非居民用户的负荷聚合商激励价格：**非居民用户的激励价格在基准价的基础上适当上浮，提高负荷聚合商参与响应的积极性，同时减轻电网企业实施需求响应的组织压力。

▶ **居民用户的负荷聚合商激励价格：**当居民用户的需求响应工作由单个负荷聚合商通过自有的用户管理平台进行统一响应时，其需求响应激励由负荷聚合商与居民用户进行结算，激励价格可在居民激励费用上适当上浮。

3. 居民用户需求响应激励

居民用户单次的负荷响应量较小，且响应用户数量较大，需要创新激励方式。例如，采用“电费积分＋绿色积分＋随机电费红包”的方式，在根据响应量折算电费积分的基础上，创新应用绿色积分，并通过活动、促销等形式随机发放电费红包；也可以为用户免费安装调节智能控制器，吸引居民空调用户参与需求响应，提高用户黏性。

▶ **电费积分：**居民用户参与需求响应后，可根据响应情况获得相应的电费积分。

▶ **绿色积分：**借鉴蚂蚁森林和碳积分的概念，开通环保积分兑换，以量化、可视化的方式，将其节约的电力电量转化为环保积分。

▶ **随机电费红包：**对于参与需求响应的居民用户，每完成一次完整的需求响应行为，可以获得随机电费红包，激励用户积极参与电力需求响应。

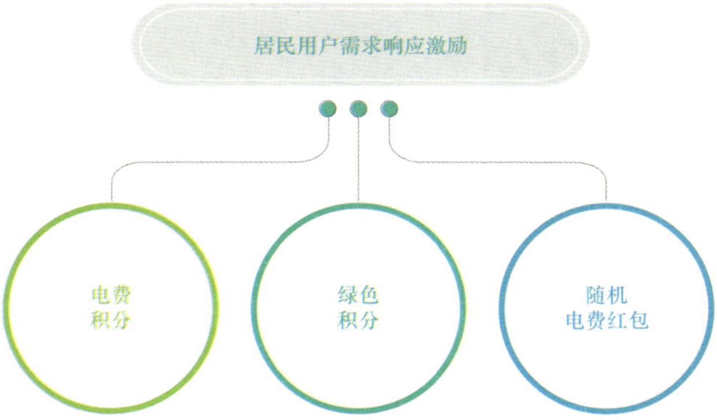

居民用户需求响应激励方式

小资料

北京地区需求响应补贴基准价参考表

北京地区需求响应补贴标准基准价参考表

项目类型		填谷	削峰
需求邀约	年度协议	1.8 元 /（千瓦·时）	3.6 元 /（千瓦·时）
	补充协议	0.5 元 /（千瓦·时）	1 元 /（千瓦·时）
需求侧竞价（最高出清价）	年度协议	1.2 元 /（千瓦·时）	3 元 /（千瓦·时）
	补充协议	0.3 元 /（千瓦·时）	0.8 元 /（千瓦·时）

电力需求响应试点案例

本章从申请条件、启动条件、响应方式、激励措施等方面，介绍江苏苏州、上海、北京和山东等地的电力需求侧响应试点实践案例。

江苏苏州首次电力需求侧响应试点

1. 申请与启动条件

国网江苏苏州电力需求侧响应工作于2012年11月23日由国家发展改革委和财政部批准，本次需求侧响应工作是我国第一个在地市级工业城市开展的试点，具体申请与启动条件如下：

▶ 申请条件：参与需求响应的用户必须具有省内独立电力营销户号，非居民用户需要配置运行状态良好的负荷管理设施及用户侧开关设备，已实现电能在线监测，并接入需求响应在线监测平台；居民用户需要具备智能家居控制系统或空调等家庭制冷/取暖设备的远程控制系统，能够通过负荷聚合商与需求响应平台实现对接；工业企业用户需符合国家相关产业政策和环保政策要求，具有较高的能源管理及利用水平，近年来对有序用电工作有较大贡献度。负荷聚合商作为单个用户申请参与需求响应，其集成的电力用户需满足上述条件。同时，鼓励拥有储能设施的用户和充电桩运营商参与需求响应。

▶ 启动条件：当电网备用容量不足或局部负荷过载，出现其他不确定性因素造成的电力供应缺口，省级电网负荷达到上一年度最高负荷的95%以上，或系统峰谷差率达到20%及以上，将启动需求响应。其中，春节“填谷”需求响应时段为2018年2月16~18日（年初一～初三）每天

0:00~8:00及12:00~17:00，用户可选择单一时段或两个时段参与，且3天的参与时段需相同。

2. 响应执行方式

江苏试点的需求响应对象主要是负荷量较大、负荷调节能力较强，并且具备一定需求响应能力和有序用电参与经验的钢厂、金属加工等较大规模的工业用户。移峰类用户可以通过移峰生产参与需求响应；加班生产类用户为春节期间基本停产用户，可以通过加班生产参与需求响应；燃煤自备电厂类用户可以通过降低自备电厂出力，提供用电负荷参与需求响应。

对应成功通过需求响应，临时性减少的高峰电力负荷，每千瓦补贴100元，参与响应的用户和负荷聚合商每年度至少参与10次响应。响应不足10次的，按照响应次数的百分比领取补贴；响应不足5次的，按违约处理，不享受补贴；如因发布需求响应次数少于5次而导致用户或负荷聚合商响应不足，则按照响应次数的百分比领取补贴。其中，春节填谷响应的补贴标准为：0:00~8:00响应，5元/千瓦（3日平均）；12:00~17:00响应，12元/千瓦（3日平均）。

上海首次电力需求侧响应实践

1. 申请与启动条件

2014年4月，上海市组织开展的电力需求侧响应是我国第一个在特大城市组织开展的需求响应试点，其需求响应的申请与启动条件如下：

- **申请条件**：具有独立电力营销户号的用电企业和居民用户均可参与需求响应，要求必须具备完善的负荷管理设施和用户侧开关设备，能够实现重点用能设备用电信息的在线监测；响应能力不足的用电企业和居民用户则可以通过负荷聚合商代理参与，不设置其他准入条件。
- **启动条件**：当最高气温达到或超过35℃，或出现电力供需不平衡情况时，以用电负荷管理系统为载体，引导用户主动实施削峰。

2. 响应执行方式

上海市试点采用的是用户侧单边竞价，统一边际电价法出清方式；在技术上引入了通知量提前系数、准值限价等设定。这次试点对充分利用供需两侧资源，采用市场化方式引导用户削减或转移尖峰用电需求进行了成功的探索。

在方案执行时，首先由国网上海市电力公司（简称国网上海电力）根据电网运行状况，先行向上海市经济和信息化委员会备案需求响应工作方案。

经批复后，通过市级需求响应管理平台，正式发布需求响应事件，明确需求响应的时段、响应负荷量和补贴标准；根据客户反馈信息，确定响应参与名单，确认参与的客户需在响应时段内自行调整用电负荷。

在补偿价格方面，竞价交易报价上限（基准值）为削峰响应30元/（千瓦·年），填谷响应12元/（千瓦·年）。单用户需求响应年度参与次数不多于10次，总时长不超过10小时[按电量折算报价上限分别为3元/（千瓦·时）和1.2元/（千瓦·时）]。在补偿价格基础上，依据通知时间提前量、单次响应量、年度响应参与度，可进一步计算补贴系数。

北京首次全市范围电力需求侧响应试验

1. 试验总体方案

北京市在2015年首次开展全市范围的电力需求侧响应试验工作，本次工作由北京市发展改革委、北京节能环保中心组织，明确参与主体后，于 8月12日11:00~12:00开展了第一次需求侧响应试验，具体实施情况如下：

▶ 参与主体：北京市首次全市范围的需求响应共有17家负荷聚合商、74家用户参与。其中工业企业29家、商业建筑单位36家、8户居民用户（分布于房山区、大兴区、丰台区）利用空调智能管控设备参与响应、1家住宅小区物业通过提前制冷技术，实现小区全体商业及居民用户参与响应。

▶ 启动方式：作为首次全市范围的需求响应试点，北京市在2015年8月12日时提前设定响应时间，并按计划启动。第二天（8月13日）13时42分，在北京电网负荷达到1856.6万千瓦，超过前一日创造的1843.7万千瓦历史最大值时，在当年夏季第三次刷新历史纪录；为缓解电网的高峰运行压力，北京市再次实施了电力需求响应工作。

▶ 补贴标准：北京市首次全市范围需求响应试点工作按照不同响应时间(24小时、4小时、30分钟)，设置了相应的奖励标准，分别为80元/千瓦、100元/千瓦、120元/千瓦，以此对参与响应的用户进行补贴激励。

2. 响应实施成效

北京市在2015年8月12日开展的电力需求侧响应是提前24小时发布需求响应事件，在12日11:00~12:00调动北京市负荷聚合商和电力用户参与响应，累计削减电力负荷约7万千瓦。同时，根据电网实际运行情况，2015年8月12日12:00~13:00，北京还临时组织电力大用户实施了“提前30分钟通知”需求响应，累计削减电力负荷近3万千瓦。

8月13日11:00~13:00因出现历史最高负荷峰值再次实施的需求响应，则比8月12日执行的持续时间增加了1个小时，共有15家负荷聚合商、73个用户参与执行，削减负荷约6.6万千瓦。

山东全省电力可中断负荷需求响应方案

1. 响应方案概况

山东省在2020年创新建立了适应电力现货市场模式的“双导向、双市场”需求响应机制，即系统导向的紧急型需求响应和价格导向的经济型需求响应的“双导向”参与模式，容量市场和电能量市场相结合的“双市场”价格补偿机制，在全国已率先进入了电力需求响应2.0时代。

2022年6月，山东省按照“谁提供、谁获利、谁受益、谁负担”原则，制定了可中断负荷需求响应方案，通过市场化手段积极引导各类可中断负荷用户提升负荷管理能力，主动参与电力需求侧响应，以此充分挖掘需求侧负荷调节能力，提升电力安全运行和新能源消纳水平。

2. 具体参与条件

按照山东省可中断负荷需求响应方案，具备分时计量、通信等技术条件的独立用户、负荷聚合商、虚拟电厂运营商、储能运营商等各类主体均可参与需求响应，具体要求如下：

▶ **独立用户：** 应属于当年度山东省电力市场交易用户（含批发用户、零售用户和电网企业代理购电用户），工业用户响应量需大于1000千瓦，非工业用户响应量需大于400千瓦，电动汽车充电桩（站）、用户侧储能设施和中央空调需具备单独控制和计量条件。

▶ **负荷聚合商：** 主要是具有山东省内电力市场化交易资格的售电公司，其代理的用户需具有省内独立电力营销户号，属于当年度山东省电力市场交易用户（含批发用户、零售用户和电网企业代理购电用户）。

▶ **虚拟电厂运营商：** 可聚合不同空间的快速可调节负荷用户、分布式电源等资源，实现自主协调优化控制，参与电力系统运行；通过电网相关技术测试，总调节能力不低于5兆瓦，单日持续响应时间不低于2小时，可在接收电网通知后4小时内快速响应；并且已建立聚合、管理响应资源的信息化平台，实现与山东智慧能源服务平台数据交互，能够传输单个用户相关运行数据。

▶ **储能运营商：** 可代理多个储能项目，包括用户侧储能设施和电网侧储能设施，电源侧储能项目暂不参与需求响应；代理的储能项目应满足电网接入技术规范，涉网设备应符合电网安全运行相关技术要求；聚合的储能资源总充放电功率不低于5兆瓦，持续充放电时间不低于2小时，可在接收电网通知后4小时内快速响应。

3. 响应执行方式

参与主体在山东智慧能源服务平台注册后，由国网山东省电力公司（简称国网山东电力）对其响应能力进行测试、审核和公示，随后参加紧急型需求响应容量竞价，完成出清公示并签约。紧急型需求响需要在日前（D−1日）或运行日（D日）向参与主体发出邀约，参与主体需在规定时间内进行确认；经济型需求响应需要在日前（D−1日）向参与主体发出邀约，组织开展电能量竞价，确定成交参与主体。参与主体需按时执行需求响应，并可以通过山东智慧能源服务平台查询响应信息。国网山东电力按月开展需求响应效果评估，以负荷基线与实际响应时段负荷曲线差值，计算有效响应容量和电量。

紧急型需求响应容量费用以容量竞价出清价格、出清容量为基准，按照调用次数和实际执行次数进行计算；电能量费用根据实际响应容量、响应时段和现货市场节点电价进行计算。经济型需求响应电能量费用日清月结，根据实际响应容量和现货市场节点电价进行计算。具体补贴标准见下表。

山东省各类型需求响应补贴标准（2022年方案）

响应类型	参与主体	主体分挡	控制方式	响应速度	邀约顺序	补偿费用组成	
						容量补偿	电能量补偿
紧急型需求响应	具备次日或当日临时调整用电负荷的参与主体	第一挡	自控	日前（D-1日）13:00通知	优先调用	每响应1千瓦负荷不超过2元/（千瓦·月）	根据实际响应量和现货市场价格计算
		第二挡	自控	日内（D日）提前4小时通知	次之调用	第一挡的1.5倍	
		第三挡	直控	日内（D日）按指令执行	直接调用	第一挡的2倍	
经济型需求响应	全部参与主体	无	自控	日前竞价、日内执行	全部调用	无	
			直控				

需求响应的用户和售电公司每年至少参与8次响应，响应不足8次的，按照响应次数百分比获得补偿；响应不足一半的按违约处理，不享受补偿。如因发布需求响应次数少于4次而导致用户和售电公司响应不足，则按照响应次数百分比（邀约次数不足8次的，分母为实际邀约次数）获得补偿。实时需求响应的补偿价格按照约定补偿价的2倍计算。

山东省需求响应单次补贴系数标准

序号	响应量占比	补贴系数
1	80%~95%（含）	0.5
2	95%~105%（含）	1
3	105%~115%（含）	1.1
4	>115%	1.2

注　补贴计算公式为：协议约定响应负荷 × 响应次数百分比 × 平均补贴系数 × 补偿价格。

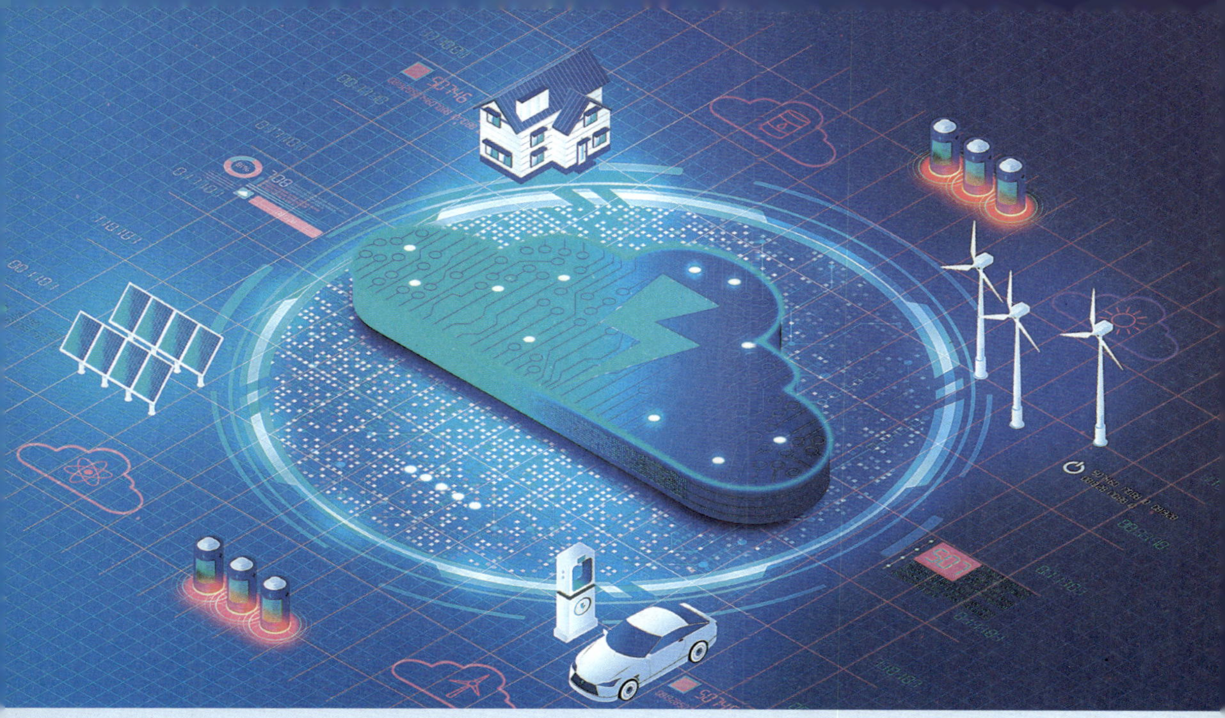

虚拟电厂

本章介绍虚拟电厂的概念及主要类型，描述虚拟电厂的构成与运行控制模式，并对虚拟电厂在电力需求侧响应中的作用进行简要说明。

认识虚拟电厂

1. 什么是虚拟电厂

物如其名，虚拟电厂（Virtual Power Plant, VPP）并不是真实的物理存在的“发电厂”，但具有与传统常规电厂相同的作用。虚拟电厂利用先进的计量技术、通信技术和控制技术，建立能源管理系统，将分散的分布式电源、可控负荷、储能设施等资源进行有机组合，作为一个特殊的电厂参与电网运行。虚拟电厂本质上是一种集分布式电源和负荷为一体的综合能源服务模式。在实践中，通过减少终端用电设备和装置的用电需求，产生“富余”电能的做法，也被认为是一种“虚拟电厂”。

虚拟电厂的核心功能是“聚合”和“通信”，即通过分布式电源管理系统，将电力系统中的各种分布式资源，包括分布式电源、储能系统柜、可控负荷、电动汽车等聚合成一个虚拟的、可控的集合体。原先分散的电源和储能设施形成一个整体后，能更有效地参与电网的调度和运行，更高效地协调解决电力系统源、网、荷、储之间的矛盾。

虚拟电厂一般由分布式电源、储能设备、可控负荷、通信系统等组成，具有“源-荷”双重身份，在电力需求侧响应过程中，与电力调控中心、电力交易中心等进行信息交互，并与大电网进行电能量的交互。与真实的电厂相比，“虚拟电厂”的最大特点是灵活性，还包括：

虚拟电厂的特点

▶ **组织灵活性：** 虚拟电厂内部的分布式单元可以由隶属于不同机构的分布式电源、储能单元、用电单元等组成，在构成比例上也具有灵活性。

▶ **构建灵活性：** 虚拟电厂可以因地制宜，充分利用现有的通信设施等硬件，并采用适当的控制策略进行构建，减少硬件设施的重复建设。

▶ **运行灵活性：** 虚拟电厂可以根据不同地区、不同类型的电网需求，响应实时电网状态。

▶ **环境适应性：** 虚拟电厂可以面向不同的电力管理体制，适用于电力市场发展的各个时期。

2. 虚拟电厂的主要类型

虚拟电厂根据功能的不同可以分为商业型虚拟电厂（Commercial Virtual Power Plant，CVPP）和技术型虚拟电厂（Technical Virtual Power Plant，TVPP）两大类。

▶ **商业型虚拟电厂：** 商业型虚拟电厂是从商业收益角度考虑的虚拟电厂，是分布式电源投资组合的一种灵活表述。商业型虚拟电厂的基本功能是依据用户需求、负荷预测和发电潜力预测，制订最优的发电计划，并参与市

商业型虚拟电厂	技术型虚拟电厂
• 从商业利益角度考虑	• 从系统管理角度考虑
• 可代表任意数量的分布式电源	• 整合商业型虚拟电厂提供的运行数据信息
• 向技术型虚拟电厂提供运行参数、计划与成本信息	• 为更高电压等级的输电企业提供系统平衡和辅助服务

虚拟电厂的两大类型

场竞标。商业型虚拟电厂一般不考虑其对配电网的影响，并采用与传统发电厂相同的方式，将分布式电源加入到电力市场。

在商业型虚拟电厂中，各个分布式电源上报运行参数、边际成本等数据信息，经过整合后形成独有的配置文件，代表虚拟电厂中全部分布式电源的联合容量。结合市场信息，商业型虚拟电厂可以优化潜在收益，制订发电计划，并同传统发电厂一起参与市场竞标。取得市场授权后，商业型虚拟电厂与电力交易中心和远期市场签订合同，并向技术型虚拟电厂提交分布式电源发电计划表和运行成本信息。

商业型虚拟电厂可以代表任意数量的分布式电源，分布式电源也可以自由选择一个商业型虚拟电厂代表自己参与电力市场。商业型虚拟电厂的商业职责可以由许多市场活动者来履行，包括当前的能源供应商、独立的第三方或新的市场准入者。

▶ **技术型虚拟电厂：**技术型虚拟电厂是从系统管理角度考虑的虚拟电厂，注重考虑聚合后的分布式电源对本地电网的实时影响，并代表成本和运行特性。技术型虚拟电厂提供的服务与功能一般包括：为在110千伏及以下电压等级运行的配电企业提供系统管理，为在更高电压等级下运行的输电企业提供系统平衡和辅助服务等。

商业型虚拟电厂一般提供分布式电源的运行参数、发电计划、市场竞价等信息；技术型虚拟电厂则对商业型虚拟电厂提供的数据和网络信息（拓扑结构、限制条件等）进行整合，对电力系统中各个分布式电源的出力潜力进行计算，以此确定技术型虚拟电厂的成本和运行特性参数，与传统发电厂一起，由输电企业进行评估；得到技术确认后，技术型虚拟电厂将对分布式电源执行的发电计划进行控制。

技术型虚拟电厂的运行，需要本地电网信息和网络控制功能，配电企业最适合实现技术型虚拟电厂的运行。按照技术型虚拟电厂概念，配电企业也可以作为主动配电网操作者，使用分布式电源提供的辅助服务，对电网运行方式进行优化。

小资料

虚拟电厂与微电网的区别

虚拟电厂和微电网（也称“微网”）是目前分布式电源并网发电的两种较为可行的形式，其共同点是两者都属于分布式电源并网发电的解决方案，但两者间也有诸多区别。

· 设计理念不同：微电网采用自下而上的设计理念，强调“自洽自治”，实现电网正常时的并网运行，以及电网发生扰动或故障时的孤岛运行。虚拟电厂则强调“参与”，主要通过对各种分布式电源、负荷及储能设备的聚合，参与到电网调度和电力市场交易，强调对外呈现的功能和效果。

· 构成条件不同：由于电网扩建成本昂贵，微电网主要对地理位置上相互接近的分布式电源进行整合，难以将相对偏远和孤立的分布式发电设施包含进来。虚拟电厂则更依赖于软件和技术来实现，其辖域（聚合）范围主要取决于通信覆盖范围及可靠性要求。利用虚拟电厂，无须对原有电网进行扩建，就能够聚合微电网所辖范围之外的分布式电源、负荷及储能资源。

· 运行模式不同：相对于外部大电网，微电网表现为单一的受控单元。通过公共耦合开关，微电网能够既运行于并网模式，又运行于孤岛模式。虚拟电厂则始终与公网相连，只能运行于并网模式。

· 运行特性不同：微电网的运行特性主要包含孤岛运行时配电网自身的运行特性，以及并网运行时与外部系统的相互作用。在与电力系统相互作用的特性要求方面，虚拟电厂比微电网更为严格，需要用常规电厂的统计数据和运行特性衡量虚拟电厂的效用，例如，有功/无功负载能力、出力计划、爬坡速度、备用容量、响应特性和运行成本特性等。

虚拟电厂如何成为“电厂”

1. 虚拟电厂的基本组成

完整的虚拟电厂需要由分布式电源、可控负荷、储能设备、通信及控制系统组成，实践中也有只包括可控负荷、通信及控制系统的简化情形。

▶ 可控负荷：直接受能量管理中心调度控制的弹性负荷成分，可以随时下调或切除而不会对用户造成明显影响，比如功率可调的充电桩、取暖和制冷设备等。不论是工业负荷、农业负荷、商用负荷，还是民用及其他负荷，内部均可细分为可控负荷和不可控负荷。

▶ 分布式电源：包括公用型分布式电源和家用型分布式电源。公用型分布式电源包括分布式风电、分布式光伏等，装机容量柜对较大，产生的电能主要输送给电网。家用型分布式电源一般是分布式光伏发电，通常安装在个人住宅、商业或工业企业楼顶，也称“屋顶光伏”。

▶ **储能设备：** 目前应用较为普遍的储能设备是电化学储能，响应速度较快的则有飞轮储能等。储能设备在虚拟电厂中可以起到减缓新能源发电出力的波动性和不确定性的作用，改善新能源发电并网对电网安全稳定运行的影响，增强电力系统消纳新能源的能力。

▶ **通信及控制系统：** 通信及控制系统是虚拟电厂进行能量管理、数据采集和监控，以及与电力调度中心通信的重要环节。虚拟电厂可以通过与电网或其他虚拟电厂进行信息交互，实现可视化管理，进行高效的监控和管理。

2. 虚拟电厂的运行控制

根据信息流转方式的差异，虚拟电厂的运行控制模式可以分为集中控制、分层控制和分散控制三种。

▶ **集中控制模式：** 在集中控制模式下，虚拟电厂采用双向通信技术，通过控制协调中心（Control Coordination Center，CCC）与组成虚拟电厂的各个单元联系，完整掌握每个组成单元的信息，并对光伏、风电等新能源发电机组的出力情况进行预测。控制协调中心按照发电成本最小化、碳排放量最小化、收益最大化等多个目标，结合机组容量、传输容量、网络安全等

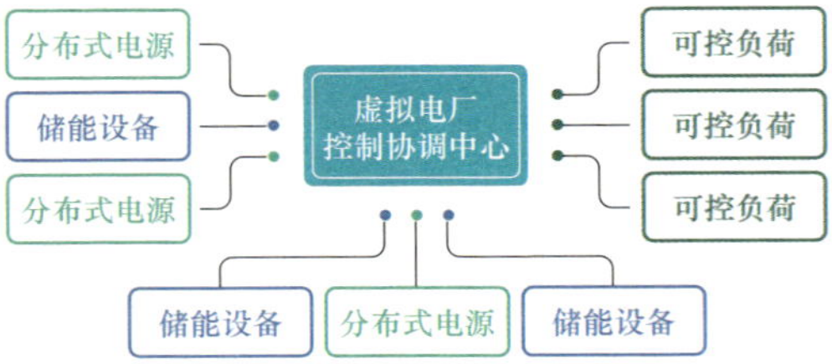

集中控制模式示意

约束条件，进行综合分析和决策，对分布式电源、可控负荷、储能设备等资源进行协调控制。

集中控制模式的全部决策由控制协调中心制定，其优点是能够达到比较理想的运行状态。但由于各个单元的数据信息都要事先传输到协调控制中心，经过处理和分析后再下发控制指令，对通信通道容量、数据处理分析能力和决策效率有极高要求，使得大规模的调度管理难以实现，在扩展性方面存在较多限制。

▶ **分层控制模式：**在分层控制模式下，虚拟电厂分为多个层次，处于下层的虚拟电厂由其协调控制中心对管辖范围内的分布式电源、可控负荷和储能设备等组成单元进行直接的协调控制，并将信息上传至上一级虚拟电厂的协调控制中心，由此构成一个层次结构的大虚拟电厂。

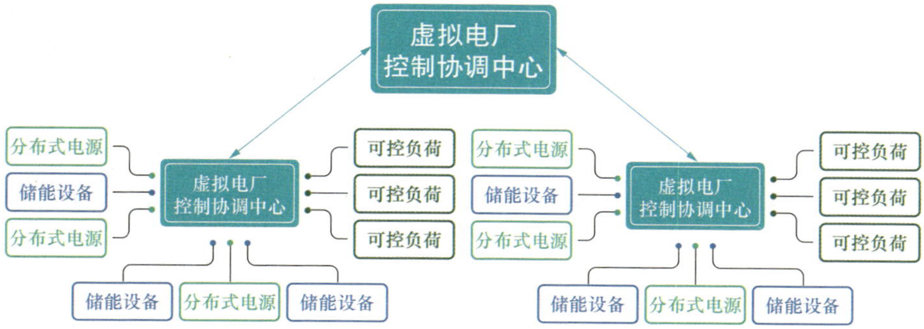

分层控制模式示意

采用分层控制模式的虚拟电厂利用模块化的结构，实现分级的信息收集和运行控制，对集中控制模式在扩展性和兼容性方面的不足进行了有效改进。分层控制模式的虚拟电厂在运行时，其中央控制系统依旧需要位于整个系统的顶端，以此确保系统运行的安全性和整体运行的经济性。

▶ **分散控制模式：**在分散控制模式下，虚拟电厂分为若干个相互独立、自治的智能子单元，协调控制中心由数据交换与处理中心替代，控制权也下放给各个子单元代理。数据交换与处理中心只为虚拟电厂的各个子单元提供数据采集、天气预报、市场价格等服务，由各个子单元代理接收和分析信息，并根据分析结果，自行调整运行方式，达到优化控制的目的。

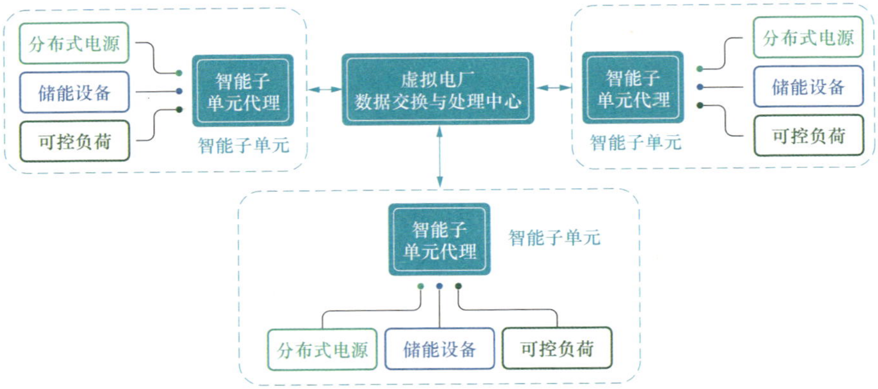

分散控制模式示意

分散控制模式不需要专门的协调控制中心或高级代理来处理全部信息，信息传输和处理的效率较高，具有良好的可扩展性和开放性；系统的适应性也较强，比较适合参与电力市场交易。分散控制模式的缺点是由于各个子单元只能获取与自身相关的信息，整体协调存在一定难度，不易达到整个系统最优的运行状态。

3. 虚拟电厂中的新技术

支撑虚拟电厂运行的新技术：

▶ **协调控制技术：**虚拟电厂强调对外呈现的功能和效果，由此要求储能系统、可分配发电机组、可控负荷相互配合，在保证电能质量的同时，提高发电的经济性。纳入虚拟电厂的分布式电源通常由若干可再生能源发电站和

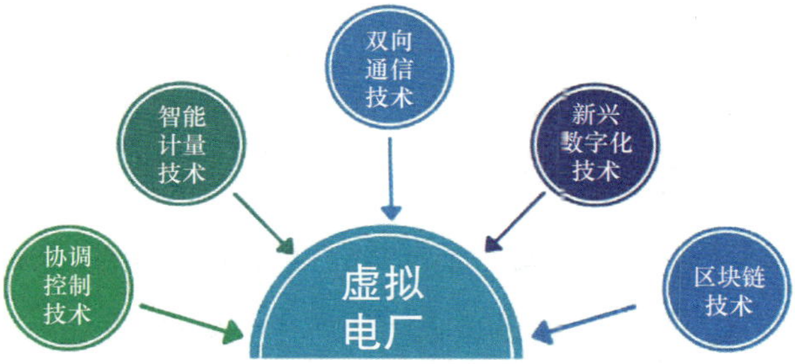

支撑虚拟电厂运行的新技术

至少1座传统能源发电站构成，利用协调控制技术，虚拟电厂可以建立线性规划优化分配模型，综合各单元的状态信息进行预测、分析和决策，对机端潮流、可控负荷和储能系统的运行进行高效协调。

▶ **智能计量技术：**智能计量技术是实现虚拟电厂对分布式电源和可控负荷等进行监测和控制的重要基础。利用智能计量技术，可以对用户住宅内的电、气、热、水的消耗量或生产量进行自动测量并读取，即自动抄表，并为虚拟电厂提供电源和需求侧的实时信息。自动计量管理和高级计量体系则能够远程测量实时用户信息，合理管理数据；对于用户而言，所有的计量数据也可在线查看，并自主采取合理的调节措施。

▶ **双向通信技术：**虚拟电厂采用双向通信技术，不仅能够接收各个单元的当前状态信息，也能够向控制目标发送控制信号。虚拟电厂采用的双向通信技术有基于互联网的通信技术（包括基于互联网协议的服务、虚拟专用网络等）、电力载波通信技术和无线通信技术（包括全球移动通信系统、通用分组无线服务技术、5G移动通信等）。用户住宅内的室内通信网络则一般采用Wi-Fi、蓝牙、ZigBee等技术构成。

▶ **新兴数字化技术：**新兴数字化技术泛指大数据、云计算、边缘计算、物联网、人工智能等新一代数字化技术，在虚拟电厂中的应用较为广泛。对实施广域综合能源管理的虚拟电厂而言，利用新兴数字化技术，可以更加精准地预测各种分布式电源的出力情况，使负荷预测结果更为准确，也可以对相应的指标和数据进行优化调整。借助这些技术，虚拟电厂可以在运行维护、市场交易、信息交互、控制策略等方面极大提高自身的安全性和经济性。

▶ **区块链技术：**区块链技术具有去中心化的特征，与虚拟电厂内部分布式资源地域分散、难以集中控制的系统结构十分契合。虚拟电厂的每个节点都可以作为电力能源的生产者和消费者，利用区块链技术，可以用合约形式建立用户与虚拟电厂的交易清算通道，保证平台上存储的数据可溯源，数据不可篡改或伪造，大幅提升交易的安全性和可靠性，实现业务的公开透明和可溯源。

小资料

江苏建成世界最大虚拟电厂

国网江苏省电力有限公司（简称国网江苏电力）的“大规模源网荷友好互动系统”经过三期建设于2018年投入运行，该系统接入的电源类型更加多元化，控制对象更加丰富，毫秒级控制总容量达到200万千瓦，该系统的建成标志着我国拥有了世界上最大规模的“虚拟电厂”。在负荷控制能力方面，其相当于4台百万千瓦火电机组，节省投资126.4亿元，效益十分显著。

通过在工厂等用电大户安装物联网终端，该系统的用电控制延伸至工厂内的每个细小设备，实现对客户可中断负荷的快速精准控制，将事故应急处理时间从原先的分钟级提升至毫秒级。另外，当突发电源或电网紧急事故时，该系统可以切除空调、部分照明用电等可中断负荷，参与保护大电网安全，同时不影响正常生产秩序，避免发生一刀切式断电状况。

另一方面，利用物联网技术，该系统还可以快速应对电力故障和自然灾害，解决水电、风电等清洁能源的不稳定性和随机性等问题，为清洁能源大规模开发利用解除后顾之忧。

虚拟电厂在需求响应中的作用

虚拟电厂在需求响应中的作用

虚拟电厂依靠全新的运营理念和技术应用，无须改变每个分布式电源并网方式，也不需要对已有电网进行升级改造，就可以在需求响应实践中发挥有效聚合分布式电源、提高需求侧响应效益、提升电力系统运行稳定性等作用。

▶ **有效聚合分布式电源：**虚拟电厂的出现为分布式电源并网管理提供了一种新的解决方案。通过能量管理系统及其控制的小型和微型分布式电源，虚拟电厂可以融合多种类型的储能设施和可控负荷，利用智能元件和协调控制策略，提高新能源与可再生能源发电的可靠性，解决单个分布式电源的随机性和不确定性等问题。

▶ **提高需求侧响应效益：**虚拟电厂最主要的作用是聚合大量不同类型的分布式电源、可控负荷和储能设施，综合考虑分布式电源的复杂出力状况，形成参与电力需求侧响应的有效策略，实现经济效益的最大化。

虚拟电厂通过将分布式电源、可控负荷、储能设施聚合成一个虚拟的整体，在参与需求响应时，通过控制中心制订合理可靠的调度策略，对内部的多种电源和负荷进行协调控制，优化了分布式电源参与电网调度和电力市场交易的方式，可以实现综合能源的协调调度，促进用户电力能源消费转型升级。

▶ **提升电力系统运行稳定性：**虚拟电厂通过对分布式电源进行有机的聚合，实现稳定并网，减小数量众多而分散的分布式电源对电网稳定运行的冲击，降低电网调度难度，能够使配电管理更加合理有序，提高电力系统的运行稳定性。

小资料

安徽虚拟电厂的试点建设

2019年12月，安徽启动虚拟电厂试点建设，打造智慧能源综合服务示范区，通过发展多站融合、有序充电等，构建多种类、新技术的能源服务综合体，实现储能、充换电、微电网等多种能源互联互动，从而解决新能源发电大规模、高比例接入带来的难题，保障新能源100%消纳。

通过对储能电池、充电桩、柔性负荷等多种可调节资源的综合高效利用，安徽的虚拟电厂试点区对分布式电源精准到“秒级”智能控制，为新能源发电大规模、高比例接入奠定坚实基础。通过用户、充电桩和电网、智慧车联网平台的有序控制和数据互通，将电动汽车、城市综合体等能源加入到用电高峰备用控制范围内，进一步增加了电力调度灵活性，提升资源利用效率。

2020年1月，合肥地区首期虚拟电厂装机容量达到51.59兆瓦。与此同时，合肥供电公司试点建设了30台有序充电桩群，并纳入虚拟电厂管理范畴，在小区变压器不进行扩容条件下，充电桩位增加了25%，用户充电成本降低了33%。随着智慧能源项目的持续推进，预计合肥区域虚拟电厂总容量将在近年内达到80万千瓦，约为当地夏季降温负荷的两成，相当于新增一座可为18万户居民供电的电厂。

案 例

虚拟电厂典型案例

1. 上海虚拟电厂全域综合响应

国网上海电力最早开展了虚拟电厂全域综合响应工作，“虚拟电厂全域综合响应”是指参与的用电客户跟电网企业约定好时间，用电低谷期多用电、高峰期少用电，从而调节峰谷差，对于分布式电源客户，其上网电量也根据电网需求来调节，从而在整体上“虚拟电厂”起到保障电网供需平衡的作用。

▶ 技术特点

上海具备比较完善的虚拟电厂建设条件，有着分布于全市10千伏及以上大客户的负荷管理终端，在部分客户内部还有需求侧管理系统、分项采集装置和传感器，依靠现有的负荷控制无线专网、光纤专网和移动互联网，以及需求响应平台、用电负荷管理系统以及虚拟电厂平台，就形成了虚拟电厂的运行基础，共同支撑了全链互动、自动运转的全过程“源网荷”交互应用。

上海虚拟电厂全域需求响应工作开创了国内两个率先：一是率先开展局部精准需求响应，最小精准定位至1台10千伏变压器；二是率先采用了竞价交易方式，在需求响应竞价交易中引入通知提前量系数，从而更好地适应电网运行需求，调动客户参与积极性，提高需求侧管理的市场化水平。

上海虚拟电厂全域需求响应工作的整个流程全部自动化，如酒店直接通过中央空调交互终端自主调节空调温度。试点工作吸引了商业建筑虚拟电厂、智能有序充电、非工柔性空调、工业自动响应、储能、综合能源云平台、分布式用能、冰蓄冷等多种类型客户共同参与，总数量达到806个，通过对自身能源使用的合理分配，都变成了一座座“微型电厂”。

参与虚拟电厂全域综合响应的电力用户不仅可以得到一笔可观的电费补贴，还能够得到电网企业提供的专业的能源使用分析、能源规划和设计、自助能源管家等服务，轻松实现能源智能托管。

▶ 实施效果

2019年，在上海6个特定区域局部精准削峰响应试点，平均降低区域负载15.06%。在用电低谷时段开展的规模化“填谷”响应，单次最大提升负荷34.03万千瓦，响应时段平均填谷负荷31.21万千瓦，填谷负荷量占到夜间电网低谷负荷总量的3.35%。

2. 北京虚拟电厂管理平台

北京电网夏季商业用电的空调负荷占比基本在40%~57%范围，平均峰谷差率约39%，最大日峰谷差率曾高达58%。为了缓解夏季空调负荷占比高的问题，用电高峰时段保障电网安全稳定运行，北京在2021年开展了虚拟电厂管理平台的建设和试运行。

▶ 技术特点

北京虚拟电厂管理平台由业务管理平台、业务实施平台和负荷聚合平台构成。其中：

· 业务管理平台是部署在北京市电力行业综合服务管理平台上的北京需求响应管理平台，由政府部门主导建设和运维，负责资质审核、市场准入、信息发布等全流程监管。

· 业务实施平台是国网北京电力主导建设运维的虚拟电厂平台，承担负荷聚合商等虚拟电厂负荷资源的接入、负荷调度、响应执行、计量结算等功能，对内与用采、营销、调控系统打通，对外与北京虚拟电厂管理平台打通。

· 负荷聚合平台则是虚拟电厂负荷资源的聚合管理平台，承担虚拟电厂负荷资源的聚合管理功能，对下聚合参与虚拟电厂的用户，对上接入国网北京虚拟电厂平台。

北京虚拟电厂管理平台由北京综合能源服务公司以负荷聚合商身份负责平台运营，并拓展商业综合体、酒店、高校等客户接入平台。平台最突出的特点是聚焦空调负荷的需求响应工作，借助多层级的系统建设，实现了商业空调负荷运行态势的全局感知，以及负荷调控的智能化控制和实时性监控。同时，通过建立负荷模型，模拟空调负荷与电网互动情况，实现了夏季高峰时段空调负荷互动能力的大幅提升。

▶ 实施效果

2021年10月，北京虚拟电厂平台正式运行，并以楼宇空调负荷为主要调控负荷，接入客户9户，可监测负荷实现6490千瓦，可控负荷达到1730千瓦。北京大型公共建筑约1828栋，空调额定功率共约353万千瓦；在室外温度为35摄氏度以上、湿度大于45%时，如果将空调设定温度设定为26摄氏度，实际最大功率约为226万千瓦。通过虚拟电厂的需求响应，预计可节约负荷空间将达到127万千瓦。

3. 冀北基于泛（FUN）电平台的虚拟电厂示范工程

冀北地区拥有丰富的风力资源，以风电为主的清洁能源装机占冀北电网统调装机容量的59.64%。为解决风电资源消纳与分布式电源并网的高效互联互动，国网冀北电力有限公司（简称国网冀北电力）于2019年12月投运了基于泛（FUN）电平台的虚拟电厂示范工程。该工程已被写入国际电工委员会（Internation Electro Technical Commission，IEC）国际标准用例，向国际首次公开展示虚拟电厂测试床，成为能源互联网技术的“样板间”。

▶ 技术特点

通过引入大数据和人工智能等先进技术，泛（FUN）电平台实现了“秒级感传算用”“亿级用户能力”“多级共享生态”的三级跨越，促进能源流、业务流、数据流的“三流合一”。FUN电平台参与需求响应市场的流程主要分为6步，分别为虚拟电厂聚合、市场报价竞争、市场出清、市场指令下达、虚拟电厂跟随以及市场结算。其中，内部资源聚合优化在整个交易流程中起到了十分重要的作用。

FUN电平台缘起于新能源消纳的需求，非常强调资源、信息的互联互通，通过虚拟电厂智慧聚合，优化可调资源，从而参与调峰服务市场。融合大云物移技术，构建绿色能源生态价值体系，使更多新能源用户参与到可调资源控制当中，同时，依托平台打造开放共赢的运营方式，激发市场多方活力，创造更高的社会经济效益。

▶ 实施效果

示范工程一期实时接入与控制蓄热式电采暖、可调节工商业、智能楼宇、智能家居、储能、电动汽车充电站、分布式光伏等11类19家可调资源，容量约16万千瓦，涵盖张家口、秦皇岛、廊坊三地。其中秦皇岛作为虚拟电厂综合试点，张家口、廊坊分别作为蓄热式电锅炉、大工业负荷专项试点。通过FUN电平台的应用，在富风期，风电场的发电指标提升了5%，相当于每台风机的利润增加了4%。

智能楼宇

本章介绍智能楼宇及其形态，解释智能楼宇的运行原理和采用的新技术，并对智能楼宇的作用做简要说明。

认识智能楼宇

1. 什么是智能楼宇

智能楼宇（Smart Building）也称智能建筑或智慧楼宇，是综合利用、集成和融合建筑、通信、计算机和自动控制等领域的先进技术形成的新型建筑形态。智能楼宇依托物联传感技术和智能控制技术，将建筑生态中的各项分散系统融合为有机的整体，实现工程投资合理、设备高度自动化、信息管理科学、服务高效优质、使用灵活方便和环境安全舒适的目标。

2. 智能楼宇的主要形态

随着智能物联、边缘计算、5G、人工智能等新技术的快速发展，智能楼宇在形态上日新月异，从相对简单的智能大楼，逐步向智能广场、智能小区发展，甚至成为智慧城市的有机组成，融入生活的各个角落。

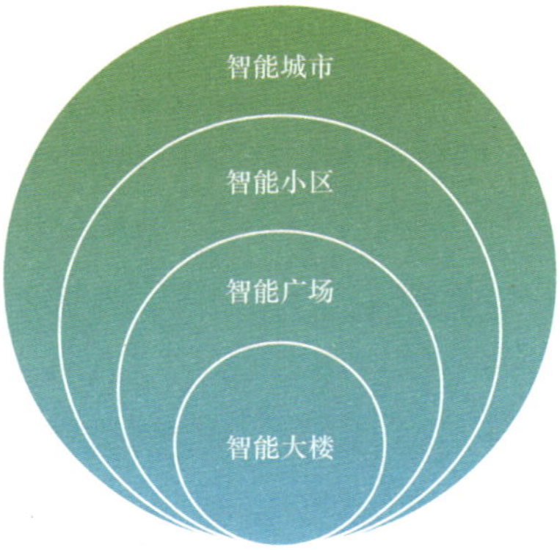

智能楼宇的形态

▶ **智能大楼**：即将单栋办公大楼建成综合智能化大楼，智能大楼的基本框架是将楼宇自动化、通信传输自动化、办公自动化三个子系统结合成一个整体，并逐渐向系统集成化、管理综合化发展，依托城市建设发展，成为现代化办公和生活的基础单元。

▶ **智能广场**：智能大楼成片开发，形成一个位置相对集中的建筑群体，就是智能广场。这时的智能建筑不再局限于办公大楼，而是向公寓、商场、医院、学校等建筑领域扩展，通过智能建筑集成管理系统，智能广场对各种楼宇建筑进行全面和综合的管理。

▶ **智能小区**：智能小区是对有一定智能程度的住宅小区的统称，是具有居家生活信息化、小区物业管理智能化、IC卡通用化的小区。小区智能化是一个过程，伴随着智能化技术的发展及居民生活需求的增长而不断完善，是现代城市可持续发展的重要体现。

▶ **智慧城市**：智能城市也可以称为智慧城市，主要标志是通信网络的高度发达，光纤、5G基站广泛建设，宽带、移动通信、物联网水平不断提高，智能化技术和网络渗入人们工作、办公、购物、娱乐、休闲等几乎所有领域，城市管理和运行高度依赖先进信息技术支撑的各类综合管理平台。

小资料

世界上第一座智能楼宇

1984年，美国康涅狄格州哈福特（Hartford）市将一座旧式金融大厦改造为城市广场大楼（The City Place Building），采用计算机对大楼的空调、电梯、照明、防盗等设备进行监测和控制，并在大楼里部署当时先进的自动化办公系统、电信系统等，为用户提供文字处理、语音通信、情报信息等服务，被认为是世界上第一栋智能楼宇。

此后十几年中，智能楼宇以一种崭新的面貌和技术，在世界范围内得以迅速发展。物联网、智能温控、智能手机、自动采光等新技术、新产品的出现，则进一步推动了智能楼宇的发展。

智能楼宇如何实现智能

1. 智能楼宇的“四个化”

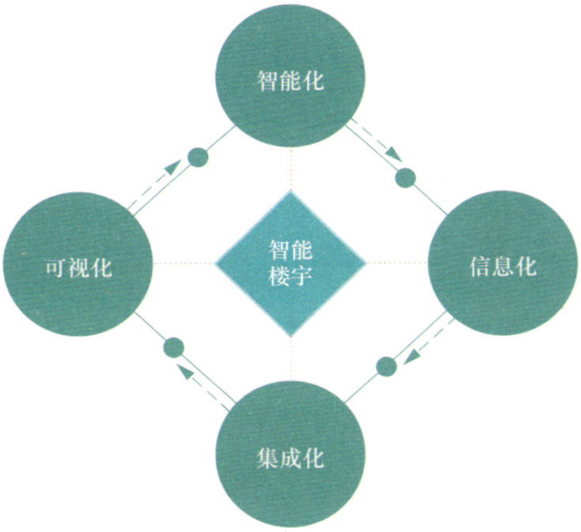

智能楼宇的“四个化”

智能楼宇的“智能”涉及物联网、信息通信、计算机、先进量测和智能控制等多个专业领域，需要融合应用终端设备、通信信道、楼宇主站软件、用能信息采集系统、双向互动服务系统、配电自动化系统等多种先进技术和设备，形成一个综合的楼宇管控系统，实现信息的双向互动、用能信息的自动采集、分布式电源的接入使用等功能，使楼宇实现智能化、信息化、集成化和可视化，变成“智能”的楼宇。

▶ 智能化：以物联网技术为基础，在楼宇的建设、运行过程中应用大量智能化设施设备，再依靠先进信息技术的加持，使智能楼宇本身具有更加智能化的功能，创造更加便捷、适宜的环境。

▶ 信息化：通过深度感知，获取楼宇各组成部分的运行状态，结合云计算技术，实现对楼宇的信息化管理和控制，并提供全方位的信息交换功能，帮助楼宇内单位与外部保持畅通的信息交流。

▶ **集成化：** 依托物联网、互联网、数据分析和智能控制技术的高度集成，将建筑中的照明、暖通、安防、通信网络系统等子系统集成到同一平台上，进行统一管理和监控，实现相互间的数据分享，以此大幅提高建筑管理效率。

▶ **可视化：** 利用楼宇控制系统中广泛部署的温/湿度传感器、红外辐射传感器、门禁传感器、智能水电气表、消防探头、摄像头等多种传感器，以网络化结构形式，组成楼宇建筑"智慧化"控制系统的传感网络，使传统楼宇建筑中不可见的状态信息能够通过可视化的形式，予以清晰呈现，为楼宇管理者和用户提供直观的感受。

借助"四个化"，智能楼宇能够为使用者提供便利、舒适的物业服务，包括充足的照明、舒适的温度、令人满意的空气质量、恰当的安防措施以及合格的环境卫生等，并且将整栋建筑的各个部分整合到一个统一、动态而实用的智能楼宇平台中，使业主和运营方的目标都得以有效实现，让智能楼宇能够更好地吸引和留住用户，减少用水和用能费用，使电力系统的运行更加可靠，并且减轻建筑对环境可持续性的负面影响。

2. 智能楼宇的四类新技术

智能楼宇在运行维护过程中，需要运用感测技术实时跟踪运行动态，结合先进算法实现预防性维护，利用替代能源优化用能、降低能耗，采用光储直柔技术实现零碳运行。

▶ **运用感测技术实时跟踪楼宇动态：** 随着感测领域内半导体技术不断进步，通过环境感知实现楼宇对资源的动态跟踪、合理分配变得可行。在智能

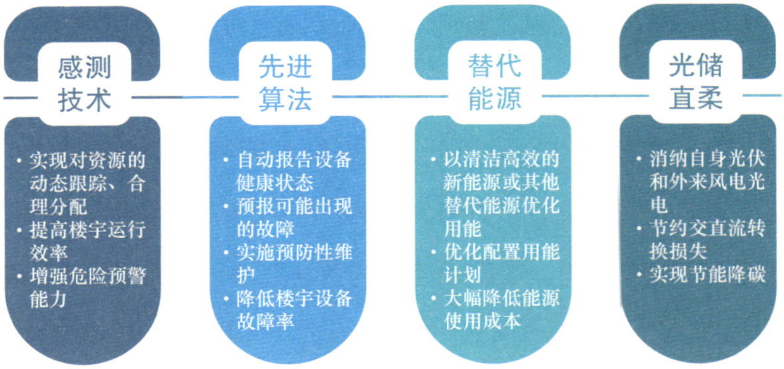

智能楼宇中的新技术

楼宇中安装大量化学、热学、视觉等传感器，并通过以太网实现互联，可以实现可靠的监视、控制等功能，进一步提高智能楼宇的运行效率，增强危险预警等能力。

▶ 结合先进算法实施预防性维护：在工商楼宇建筑中，机械设备的故障或停用将会严重影响楼宇设施的运行，给楼宇用户带来不可估量的经济损失。通过将先进算法与感测技术有机结合，可以自动报告设备健康状态或预报可能出现的故障，对楼宇设施实施预防性维护，以此降低楼宇设备故障概率，提高智能楼宇的运行效率和可靠性。

▶ 利用替代能源降低用能能耗：智能楼宇可以通过加装光伏设备，或将太阳能板用作楼宇玻璃，利用清洁高效的新能源或其他替代能源来优化用能。楼宇可以生成、使用和存储清洁高效能源，并将获取的不同来源、不同类型的能源引至对应的楼宇负载，在不降低楼宇的生产效率的同时，大幅降低能源使用成本。

▶ 采用光储直柔技术实现零碳运行：“光储直柔”即光伏发电、储能、直流、柔性应用。智能楼宇运用“光储直柔”新型配电方式，实现对自身光伏和外来风电光电的消纳，进一步改善系统性能，提升安全水平和电源品质，并且能够减少10%左右的交直流电能转换损耗，实现楼宇节能降碳。

小资料

上海汇泰大厦智能楼宇改造

国网上海电力依托汇泰大楼原有基础，开展智能楼宇示范项目建设，进行相应的硬件改造，包括在楼顶安装30千瓦的光伏发电装置，在楼内安装15千瓦/2小时的储能装置，以380伏的并网电压接入大楼的380伏照明母线。

另外，在大楼部署了温度传感器、湿度传感器、光照度传感器、环境测试仪等环境参数采集设备，对楼内房间的照明系统、风机盘管、电动窗帘、柜式空调和插座等进行改造，对中央空调系统循环水泵进行变频调速改造。同时，为终端设备与智能用电楼宇管理系统建立物理链路，通过智能用电楼宇管理系统，实现设备监控、能耗分析、用电管理、需求响应等功能。

通过该项目的改造建设，汇泰大厦原有的习惯性用电方式得到了极大改变。有人进屋时，可以根据室内外光照强度自动确定开启灯具数目，无人时则关闭所有灯具。利用光照传感器控制照明回路，根据光照强度依次关闭从南至北的照明灯，实现照明节能5%~10%。通过根据环境变化灵活设置空调使用方式，根据循环水出回水温差进行中央空调循环水泵的变频控制，可以在兼顾舒适度情况下，实现短时间节能效果，可控范围约10%。

在改造后，汇泰大楼还具备参与需求响应的能力，通过关闭部分负荷，适当调整中央空调循环负荷等措施，使90%的负荷和25%的中央空调循环泵负荷成为可控制负荷，空调、照明等多能协同能力得到极大加强，节能减排能力也逐步得到显现。

智能楼宇的作用

智能楼宇可以作为智能电网用电环节的一个智能单元，通过智能用电楼宇管理系统，实现楼宇智能用电，便捷参与电力需求侧响应，降低建筑整体能耗水平，助力建筑领域低碳化。

智能楼宇的作用

1. 便捷参与需求响应

智能楼宇中的配电系统、分布式电源、用户用电设备都能够根据建筑用电负荷的变化进行自动调节，可以利用智能用电楼宇管理系统便捷地参与电力需求侧响应。

当电网负荷达到一定程度，需要响应需求时，智能楼宇可以在保证用户办公环境舒适度的前提下，自动关闭能耗较大的用电设备，降低峰值用电水平，并接入分布式电源，为电网补充供电容量。当负荷小于一定程度时，则可以通过自动切断分布式电源，实现全自动运行，利用用电低谷期的廉价电能，为建筑内的取暖设备进行预热，对制冷设施进行预冷，或者通过储能系统进行储备，在平缓峰谷负荷差的同时，降低楼宇整体运行成本。

2. 降低建筑能耗水平

智能楼宇可以通过对建筑中的中央空调系统、变配电系统和照明系统等耗能大户进行统一调度和集成优化，使其随外界的温度、湿度和光线变化进行自动调温、调湿和调光。同时，通过采集和分析建筑内的能源消耗数据，进行能耗分析，精准定位低效率运转的设备，找出能源消耗异常的原因，进而对用电设备的运行进行优化，达到降低能耗，提高舒适度的目的。

3. 推动建筑低碳运行

建筑领域的电力能源消耗在全部电力能源消耗的占比约为40%。智能楼宇极其强调自身的能耗水平，利用物联网技术将各种新设备互联互通，基于综合能源系统将电、水、油、气等能源进行综合管控，实现生态宜居和环保节能的最佳平衡，是实现电力节能减排的重要方式。

通过对能源消耗、碳排放指标和气象指标等信息进行收集、汇总和集成，打通不同专业的数据，利用大数据分析和挖掘技术预测能耗变化，及时对能源进行有效的分配和调控，使智能楼宇的运行更加经济、高效和低碳。

案　例

智能楼宇典型案例

1. 北京楼宇空调精准调控示范项目

国网北京电力以商业楼宇为服务群体，开展了空调负荷精准控制示范项目。采用具备边缘计算能力的中央空调智能交互终端，依托CPS体系模式，完成空调负荷的单元级CPS建设，实现了空调系统制冷设备的单元级精准调控。同时，系统兼容电力需求响应新行标等技术规范，具备参与电力需求响应的能力。

项目实现了20户商业楼宇中央空调系统主机及水泵的远程运行监控，中央空调主机监控数量达到50台以上，空调总负荷容量达到2万千瓦以上，其中可调控容量达到6300千瓦。

2019年7月9日17:48~17:50分，对某楼宇空调负荷进行了精准调控。执行前用户空调基线负荷873.33千瓦，目标负荷843.33千瓦，项目计划响应容量30千瓦，执行开始后实际空调运行负荷为842千瓦。到执行结束时，基线负荷881.67千瓦，运行负荷865千瓦，执行时段内实际平均响应容量为46千瓦。

2. 北京华熙LIVE空调精准调控示范项目

根据华熙LIVE五棵松冷冻机房系统配置情况，国网（北京）综合能源服务有限公司建立中央空调系统柔性调控互动平台，对其关键能耗设备配置智能表计，如冷水机组、冷冻水泵、冷却水泵及冷却塔等。同时，完善中央空调系统的分类计量，实现用能的精细化管理，并对相应改造效果进行验证，实现冷冻机组的远程监控和运行参数远程调节。

该项目建立了有效的管控手段，可以实现用户空调系统监测容量2116千瓦，最大可调控容量846千瓦。按照20%最大调控容量和3746元/千瓦电网调峰机组的建设成本计算，可以减少电网调峰机组投资63万元。

同时项目也可为用户带来了直接经济收益，按照其他地区以往的需求响应补贴30元/千瓦计算，动作一次可获得补贴5000元。按每天执行一次价格需求响应，在高峰时段主动降负荷半小时，以峰电价格1.5元/千瓦时计算，可以减少电费127元，全年空调使用120天，减少电费1.524万元。

电动汽车有序充电

本章介绍电动汽车有序充电及其类型，解释电动汽车有序充电的基本原理和常见方案，并对电动汽车有序充电在电力需求侧响应中的作用进行简要说明。

认识电动汽车有序充电

1. 什么是有序充电

由于纯电动汽车在充电过程中大多是恒定功率的负荷，随着电动汽车的快速普及，其所需要的电力能源同步迅速增加，当大量电动汽车集中在一个时段充电时，将给电网带来不可忽视的负荷增量，对配电网安全运行提出新的挑战。电动汽车有序充电的概念正是在这样的背景下诞生的，简单说，电动汽车有序充电就是让电动汽车进行有秩序的充电，避免负荷在短时间内的激增，以降低对电网安全稳定运行的影响。

国家电网公司对电动汽车有序充电的解释：在配电网、用户、充电桩及电动汽车之间进行充分的信息交互和分层控制，全面感知配电变压器负荷

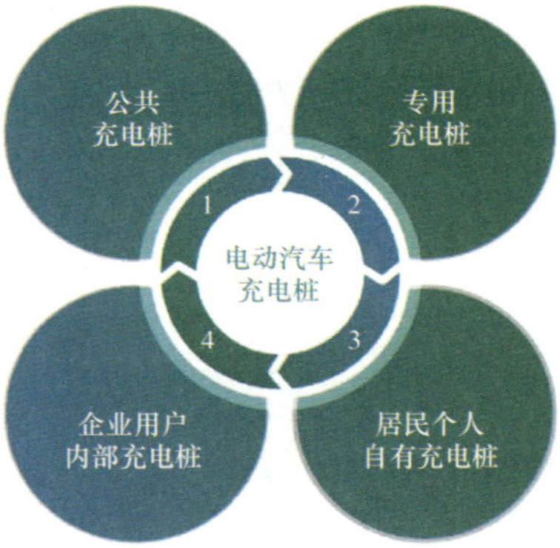

电动汽车充电桩类型

变化趋势，动态调整充电时间和功率，优化配电变压器负荷运行曲线，实现削峰填谷；既满足用户充电需求，又能够提升配电网设备和发电设备的利用率，降低电网和发电设备投资。

2. 有序充电场景类型

充电桩按服务对象可分为公共充电桩、专用充电桩、居民个人自有充电桩和企业用户内部充电桩四类。其中，公共充电桩一般建在商场、超市、医院等公共场所，为各类电动汽车提供公用充电服务；专用充电桩通常建在专有停车场，为公交、环卫、出租等特定车辆提供充电服务；企业用户内部充电桩、居民个人自有充电桩则分别建在企业办公场地、居民小区停车位，为企业内部员工、居民个人提供充电服务。

从实践来看，企业办公场所和居民小区充电停车时间长，充电功率和时间调节空间大，是适合开展有序充电的主要场景，电动汽车有序充电管理的对象也主要是企业用户内部充电桩和居民个人自有充电桩。

• **居民个人自有充电桩：**居民在签署充电桩的供电协议时，即明确了在电网紧

——在签署充电桩供电协议时，即明确在电网紧急故障或局部供电能力不足时，必须执行负荷控制；

——可随时自主选择是否参与有序充电。

居民个人自有充电桩

——在办理供电方式变更时签订需求响应协议；

——可自愿参与需求响应，并可随时退出；

——按现有有序用电业务管控总体用电功率。

企业用户内部充电桩

急故障或局部供电能力不足时，必须执行负荷控制，同时可随时自主选择是否参与有序充电。

• **企业用户内部充电桩：** 企业内部充电桩通常执行一般工商业电价，企业在办理供电方式变更时，签订需求响应协议。需求响应自愿参与，随时可退出，电网负荷控制按现有有序用电业务来管控其总体用电功率。

小资料

世界资源研究所对有序充电的阐述

世界资源研究所在《中国电动汽车与电网协同的路线图与政策建议》中对电动汽车有序充电的定义：在满足电动汽车充电需求的前提下，运用峰谷电价的经济措施或者智能控制措施，优化调整电动汽车充电时序与功率。

在此基础上，将电动汽车有序充电策略阐述为：在满足电动汽车充电需求的前提下，运用实际有效的经济或技术措施引导、控制电动汽车进行充电，对电网负荷曲线进行削峰填谷，使负荷曲线方差较小，以此减少发电装机容量建设，促进电动汽车与电网协调互动发展。

电动汽车有序充电如何实现“有序”

1. 电动汽车的充电过程

电动汽车充电是一个相对复杂的过程，在充电过程中，电能转化为化学能，在电池的正负两极间形成能量蓄积。按照目前比较成熟的充电技术，电动汽车从空电至满电的充电过程大致可以分为三个阶段：

▶ **恒流阶段：**在充电初期，充电机先根据电动汽车电池的电压，设定充电初始电压，然后随着电池电压的变化，不断进行调整，使充电压差基本保持不变，以此保证充电过程能够在相对恒定的电流下进行。此阶段充电量一般达到电池电量的80%左右，充电时间约占整个充电时间的50%。

▶ **恒压阶段：**随着电池电量不断增加，电池的电压随之逐渐上升。为保障充电安全，通过控制电池的电压，将充电电压提升到充满状态并保持恒定，以恒定的电压控制充电电流，直到充电结束。

▶ **截止阶段：**在最后的恒压充电阶段内，电池电量无限接近于满电量，此阶段用于判定是否继续进行充电。

智能充电桩可以通过与电动汽车进行信息交互，获取电动汽车充电参数，包括电池剩余电量、充电电流、充电电压、调整充电模式等，实现更灵活的有序充电过程调节，以及更友好的电网、汽车、人三者之间的信息交互。此外，智能充电桩通过调整与汽车交互的脉宽调制信号占空比和电缆控制引导信号，也能够让车载充电机启动、停止充电和调整充电功率。

2. 有序充电的实现条件

实现电动汽车有序充电需要满足三个条件：一是电动汽车已经通过充电设施接入电网；二是充电设施可接受后台充电运营管理平台的功率调控；三是电动汽车用户接受或已预先授权充电运营商对其充电过程进行调整。

当电动汽车通过充电枪及线缆进行充电时，对于大电网来说，电动汽车就如同一台普通的家用电器，是众多负荷之一。不同之处在于，一辆电动汽车的充电功率值往往在7千瓦以上，相当于4个普通家庭里全部家用电器功率之和。当同一配电网内同时接入多台电动汽车时，短时间内就会产生较大的负荷冲击。

电动汽车有序充电需要利用有序充电运行管理平台，根据预测的电网负荷曲线、清洁能源负荷曲线、电动汽车充电需求和配电网局部容量限额，设计有序充电策略。实时监测主电网、配电网、清洁能源负荷，决策当前入网充电的电动汽车应执行的充电时间序列，将指令下发到对应充电设备，完成有序充电管理。

对于私人桩用户（即充电桩产权为用户所有），在进行有序充电负荷管理前，充电运营商需要预先与用户签订告知与授权协议，让用户清晰了解有序充电方式、补贴方式及实时充电状态，在有序充电活动期内，还要及时做好客服和答疑工作，提升用户满意度。

如果存在局部配电网因自身容量限制，不能满足所有车辆在其各自指定时间段内充电需求的情况，则需要临时降低、中断或推迟部分充电负荷，同时通过电话、短信及App推送等方式，提前告知用户停电信息，尽可能减少对用户用车及出行的影响。

3. 有序充电的常见方案

电动汽车有序充电主要由电动汽车、交/直流充电桩、充电运营管理平台等主体组成，其中：

▶ **车与桩：**电动汽车进行充电的主体，主导着充电需求以及充电过程的启动、停止，可主动调整充电功率；交/直流充电桩具备充电枪及线缆，可与车端充电接口进行电气连接，同时提供电气连接保护。

▶ **充电运营管理平台：**充电运营管理平台是生成负荷调控指令、网荷互动策略的运行管理平台，也是指导电动汽车根据电网目标进行有序充电的指令中枢。

根据技术控制方案特点，有序充电一般有车控（用户发起）、桩控（运营商发起）两种方案。

电动汽车有序充电方案

▶ **车控方案：**由系统平台直接向电动汽车发送有序充电调节指令，借助车辆自有功能对充电状态进行调节，充电管理过程和状态设置均在车载行车电脑上完成。车控方案的信息传输有两种方法：一个是利用车载通信模块，能源管理平台通过车企网络定位车辆位置并匹配当前接入配电网，实现有序充电管理；另一个是让用户使用手机链接车辆与充电桩信息，获取时序充电指令，并通过蓝牙设置到车载电脑中，完成有序充电管理。

▶ **桩控方案：**由系统平台向充电桩发送有序充电后台管理指令，充电桩向电动汽车发出充电功率调整请求，如果充电桩或汽车不予响应，则采用暂停充电的措施。桩控方案的充电桩需要具备远程通信能力直接接入到主站系统，企业内部和个人自用充电桩通常需要改造外置控制器，或者直接建设能接收电网管理指令的智能型充电桩。对于个人用户，也可以由第三方签署有序充电管理协议，并改造充电桩的接入。

小资料

提升充电基础设施服务保障能力政策

2022年1月，国家发展改革委、国家能源局等多部门联合印发了《国家发展改革委等部门关于进一步提升电动汽车充电基础设施服务保障能力的实施意见》（简称《实施意见》），提出要继续加大新技术研发，持续完善标准体系。探索推广有序充电、电动汽车向电网送电（Vehicle to Grid，V2G）等形式，实现电动汽车与电网的协同互动，在矿场、港口、城市转运等场景因地制宜推广换电模式。

《实施意见》还提出要加强配套电网建设和供电监管。电网企业应加大配套电网建设，提升“获得电力”服务水平，落实“三零”（零上门、零审批、零投资）、“三省”（省力、省时、省钱）服务举措，相关部门要对配套电网建设用地、廊道空间等资源予以保障；国家能源局派出机构要加大供电和价格政策执行监管，规范转供电行为。

电动汽车有序充电在需求响应中的作用

1. 无序充电对电网的影响

电动汽车一般在低于80%电量时进行充电，此时充电功率极大，能达到充电设施的满负荷状态，并且基本不存在从启动到满功率的时间差。以投入配备10套充电桩的充电站为例，只要6台充电桩进入工作状态，充电桩的负荷即可达到360千瓦，已经超过一般台区变压器315千瓦的负荷。可见，电动汽车开始充电时对配电网有极大的冲击力。

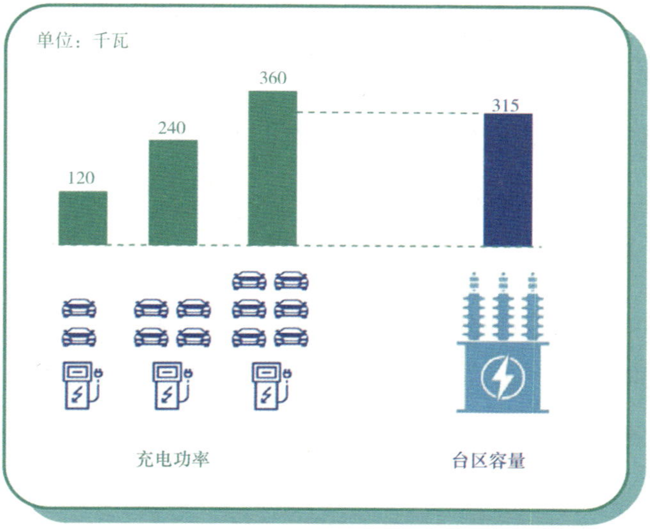

充电功率和一般台区变压器负荷比对

随着电动汽车充电至80%电量以上，充电负荷会逐步降低，台区负荷在充电前期让出来的负荷资源空闲出来反而无处消纳，造成资源浪费。与此同时，各城市电网负荷峰谷差逐年放大，尖峰负荷屡创新高，对电网提出了严峻的考验，系统总运行成本明显升高、供电可靠性降低、发电排放也增多。

电动汽车充电是大功率、非线性负荷，既需要电网提供稳定可靠的大电流供电，又会给电网带来较高的谐波电流和冲击电压，可能造成谐波污染、功率因数降低以及系统电压波动，降低供电质量。由于居民充电设施在低压侧分散布局，电动汽车无序充电不仅可能导致局部地区负荷紧张，增加配电网开展电能质量监测和治理难度，而且可能引起配电网保护动作跳闸风险，增加用电安全风险。

2. 有序充电在需求响应中的作用

电动汽车的有序充放电作为一种灵活的需求响应资源，具有较好的负荷调节功能，在居民区负荷引导及削峰填谷方面效果显著，通过引导用户有序用电，将电动汽车用户相对集中的无序充电行为尽可能分散到夜间低谷时段，可以显著降低对电网最大负荷的影响，负荷高峰明显后移，谷段转移电量明显提升。

随着电动汽车保有量的不断增加，电动汽车有序充电作为需求响应的重要创新手段，可提供日益可观的可调节负荷，弥补大规模可再生能源发电间歇性和不确定性导致的问题，有效助力新能源的并网和消纳。同时，有序充电可以降低电动汽车增长带来的配电网扩容投资需求，降低电网建设运维成本。

小资料

电动汽车有序充电的效益估算

《电动汽车发展对配电网影响及效益分析》指出，如果改变传统的通过扩容提高小区配电网容量的思路，按照邻近车位共享、实施有序充电的思路，为满足电动汽车充电需求，北京地区10千伏配电网络仅需对少量配电变压器进行增容，而无须进行大量改造。由此预计到2030年可以减少约22亿元的费用支出，包括配电网改造费用约8亿元，延伸投资界面投资费用约14亿元，有序充电带来的投资费用节约效果明显。

案　例

电动汽车有序充电典型案例

1. 北京海淀某居民小区有序充电公共桩

该小区位于北京市海淀区的上庄地区，居民数量多、电动汽车保有量高、公共充电站距离远，具备有序充电应用的条件。小区共新建有32个

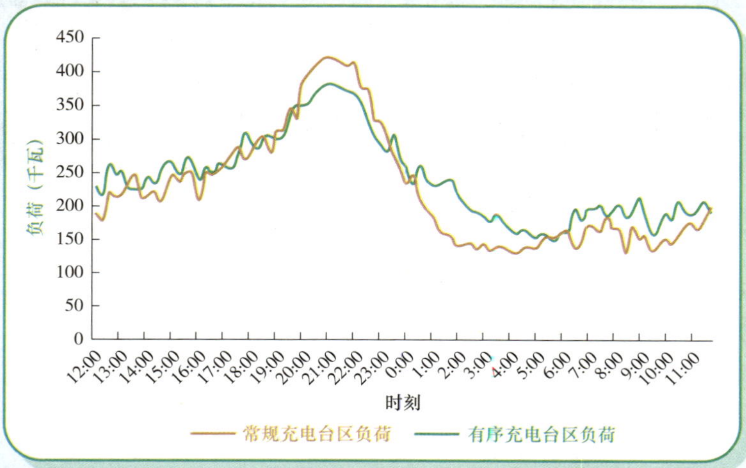

小区典型日台区负荷曲线

单枪智能有序充电桩和1个双枪智能有序充电桩，均为小区公共桩，执行经营性充电站大工业三时段峰谷电价，服务费标准为峰平时段0.5元/（千瓦·时）、谷时段0.3元/（千瓦·时），充电桩接自三嘉信苑2号配电室，容量1250千伏·安。

从2020年2月到2021年2月，该小区已累计提供充电服务2493次，其中有序充电服务453次，用户插枪充电频次最高的时刻为每天下午6点。通过引导用户参与有序充电，典型日的台区负荷峰谷差降低60千瓦，全年共转移用电高峰时段电量1.1万千瓦·时。

2. 北京环球影城电动汽车有序充电站

2021年3月，由国网北京电力投资建设的北京环球影城度假区停车楼充电站建成投运，成为国内规模最大的集中式智慧有序充电站。北京环球影城度假区共建有充电桩901个，覆盖停车楼、北京环球城市大道、后勤保障区等5个区域。其中包括861个新型交流有序充电桩、37个直流充电桩以及3个专门满足新能源旅游大巴快速补电需求的大功率直流充电桩，可以充分满足北京环球度假区游客绿色出行需求。

北京环球影城电动汽车有序充电站

该项目可以利用智慧车联网平台，设定功率输出控制策略，通过功率控制引导车主错峰充电，在满足车主充电需求前提下，为车主选择电价更加优惠的时段进行充电，降低车主充电成本，同时实现电网负荷的削峰填谷成效。

家庭智能用电

本章介绍家庭智能用电的含义，解释家庭智能用电的实现路径，并对家庭智能用电在电力需求侧响应中的作用进行简要说明。

认识家庭智能用电

1. 什么是家庭智能用电

家庭智能用电是指通过在家居环境中部署智能化的电能量测、通信和控制装置，实现家居环境中电力能源的智能化管控与使用，帮助建立低碳绿色的生活方式。家庭智能用电一般利用智能化的家庭能源管理系统（Home Energy Management System，HEMS）来实现，也称为“家庭能源管理”“智能家电管理”，或者从负荷管理角度称为“家庭负荷管理”。

家庭智能用电需要以家庭用能电气化为前提，依据家用电器的负荷特性，结合家庭用电习惯，在不影响家居环境前提下，确定可控负荷、可调节负荷及可中断负荷，并搭建家庭智能用电系统，实现对用电状况的智能化量测、分析和控制。目前，作为家庭智能用电的基础，常见的家用电器包括空调、电取暖器、电视机、洗衣机、电炊具、电冰箱、电热水器等。

2. 主要涉及的家用电器

由于使用场景的不同，家用电器的用电特性各不相同，考虑用电管理的前提是不影响家居环境，家庭智能用电管理主要涉及的是空调、电取暖器、电热水器、电炊具等家用电器。

▶ **空调**：常见的家用空调有挂壁式空调、立柜式空调。挂壁式空调也称为分体式空调，不受安装位置限制，且噪声较少。立柜式空调适用于大客厅等有较大空间范围的气温需要调节的场所。空调的功率范围较大，与运行模式和环境状态密切相关。

▶ **电取暖器：** 电取暖器也称为“电采暖器”，常见的有采用石英辐射管加热元件的红外电暖器，采用密封式电热元件和金属散热管或散热片的充油取暖器（俗称“电热油汀”）等。后者表面温度较低，一般不超过85摄氏度，相对安全。

▶ **电热水器：** 电热水器可以替代燃气热水器，用电力能源加热替代传统燃气加热。常见的电热水器有容积式电热水器和即热式电热水器两大类，特点是无污染、清洁干净、安全，热效率可达95%，高于燃气热水器85%的热效率，并且更加安全，便于调节和控制。

▶ **电炊具：** 常见的电炊具包括微波炉、电饭煲、电水壶、电磁炉等，其特点主要是热效率高、无污染、清洁干净、功能丰富、控制灵活、使用方便、安全可靠。电炊具的热效率可达90%以上，远远高于传统燃气灶55%

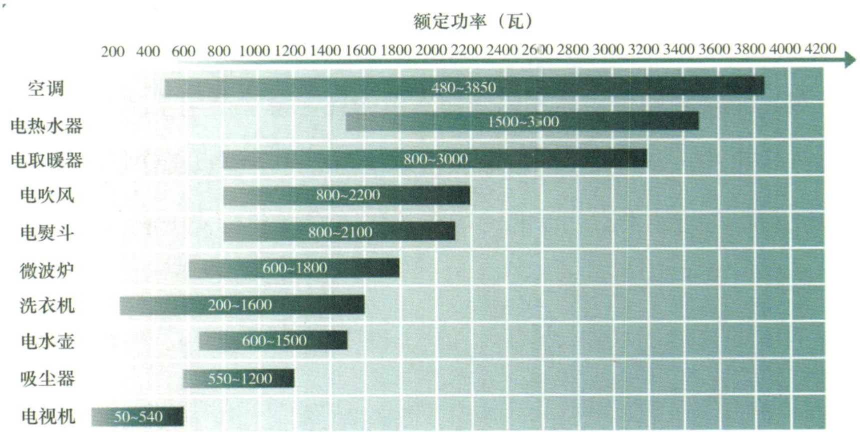

常用家用电器的额定功率范围

左右的热效率，并且大多可以通过调节开关对负荷功率进行调节和控制。

3. 常见家用电器的负荷特性

由于工作原理及用途的差异，居民家庭常见的家用电器在负荷特性方面也有所不同。

▶ 空调负荷特性：家用空调一般包含制冷、制热、除湿和通风四类功能模式，用户在日常生活中所使用的大多是制冷和制热。通常情况下，空调是一种可调节负荷。

▶ 热水器负荷特性：电热水器内含不同材质的加热棒，高档电热水器通常会在内胆内部不同位置安装数支加热棒，低档电热水器可能只有一支加热棒。高档电热水器可根据用户需求选择智能加热方式，但智能加热的实际需求并不大。电热水器一般可视为功率不变的电热设备。

▶ 洗衣机负荷特性：洗衣机是现代家庭最常见的电器，目前我国城市居民家庭的洗衣机大多为全自动洗衣机，其用电特点是按照预定的洗涤程序，洗涤与脱水交替进行，各阶段的用电功率有所不同。在不同的时间段内，可以根据用户对洗衣机的使用习惯，设定不同挡位，对应不同模式。

▶ 电冰箱负荷特性：冰箱内部最主要的耗电模块是用于制冷的压缩机，冰箱日负荷曲线的数值大小一般取决于冰箱内部的压缩机工作状态决定。家用冰箱在刚启动时或再次启动时的功率多在200瓦左右，正常运行过程中则保持在较低功率水平。

小资料

家庭用电负荷的“聚少成多”

普通居民家庭用户的用电量与企业用户、商业楼宇相比要少得多。据统计，我国民用建筑每年在运行阶段的能耗在全部建筑能耗的占比大约为38%，在全国能源消费量的占比大约为8.3%，城乡居民的用电量在全社会用电量的占比则基本在15%左右。值得注意的是，虽然单个家庭的电力能源消耗量很小，对需求响应的贡献看上去微乎其微，但随着家庭智能用电的普及应用，不断聚少成多，当整个地区、整个城市的家庭用户都参与到需求响应时，其作用将非常可观。尤其在未来新能源发电达到较大比例时，在电力供应出现瓶颈，其他需求侧响应资源基本用尽的关键时刻，居民用电负荷通过家庭智能用电及时参与响应将起到重要作用。

家庭智能用电如何实现

1. 家庭用电智能化改造

实现家庭智能用电的前提条件是通过“电能替代”，将传统用煤、燃气等取暖设备、烹调器具等全部改为用电设备，实现家庭用能的电气化，使原先难以量测和控制的用能设备与器具改为利用电力能源，并且可以加装配套控制系统进行智能化改造的电器具。近年来我国北方地区推广的煤改电、气改电，就属于家庭电气化的实践应用。

我国已经基本完成了智能电能表对传统电能表的替代，智能家电可以通过电力线路或以无线方式与外界通信，传送电压、电流、频率、功率因数等用电信息，并进行远程通断电控制及工作模式的调整。对本身尚不具备智能用电控制功能的家用电器，则可以采用供电企业或负荷聚合商提供的智能控制装置，对家用电器进行智能化改造，结合智能电能表的使用，使之具备用电信息采集、数据传输和用电控制等功能。

利用智能控制装置改造后的家电电器，可以实时采集电压、电流、功率等数据，通过智能交互终端、采集主站、网络客户端或手机App发送给家庭用户，展示用电状态，由用户对家用电器进行通断电控制，或者利用预先设定的用电策略进行智能控制，实现智能用电。在需求响应场景下，则可以通过智能用电系统，上传到供电企业或负荷聚合商的需求响应平台，参与需求响应。

2. 家庭智能用电系统

严格来讲，家庭智能用电的实现还需要配置智能交互终端，使之作为家庭中心控制单元，结合智能电能表和智能控制终端，组成家庭能源管理系统，实现电网与电力用户之间的互动，并接入安防、水气表抄收、门禁、可视对讲等功能。

用于实现智能用电的家庭能源管理系统有集中式、分布式、基于负荷聚合商的分层式等多种方式。由于家庭内的用电负荷数量较多，分布式的架构往往比集中式的控制方式更适合应用。由智能插座、可控家用电器（如电热水器、电取暖器、空调等）、功率测量/负荷控制装置、通信网络和智能电能表等组成的一个家庭智能用电系统如下：

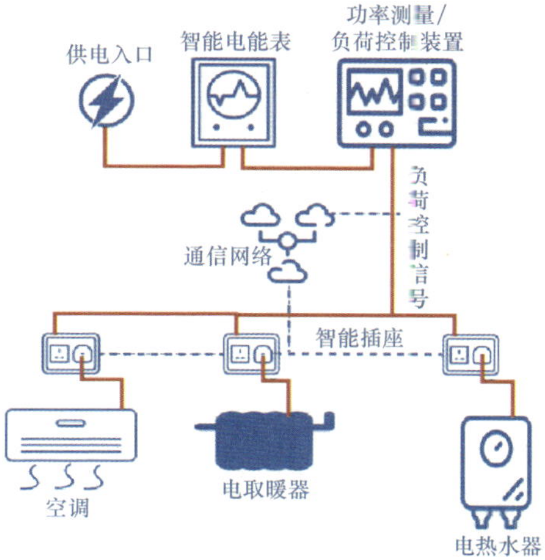

除了分布式架构的实现方式，基于负荷聚合商的分层架构也为家庭用户可控负荷参与需求响应提供了一个实现路径。通过负荷聚合商这个负荷管理中心，大量电力终端用户的可控负荷可以聚合到一起，参与需求响应、电网

调度运行等业务。

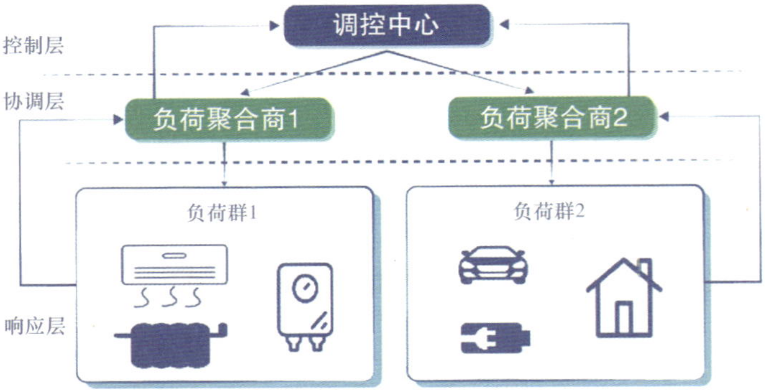

基于负荷聚合商的分层架构方式

小资料

煤改电智能采集设备

国网北京市电力公司电力科学研究院（简称国网北京电科院）综合利用物联网和先进通信技术，研发了能够兼容多种通信协议和多网融合的分布式智能终端（包括电采暖智能采集终端和温/湿度智能采集终端），用户在家中安装后，可以利用多种无线、有线通信技术，实现与多种取暖方式、各种品牌、各类型号电采暖设备的全面兼容与信息传输，并兼顾功耗、成本、存储空间等因素，实现用能数据和采暖数据的5分钟高频精准采集。

煤改电智能采集设备：家庭智能网关

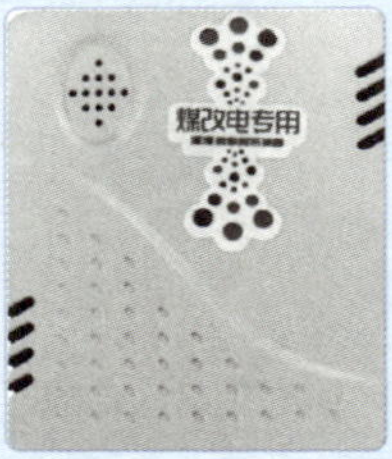

煤改电智能采集设备：温/湿度无线采集器

煤改电智能采集设备：温/湿度采集智能插座

家庭智能用电在需求响应中的作用

通过对家用电器进行改造升级，部署家庭能源管理系统，实现家庭智能用电，不仅可以使家庭用户能够及时、精确地了解家居环境的电力能源使用状况，提高电力能源使用效率，还能够为普通家庭用户参与电力需求侧响应创造条件，在助力节能降碳的同时，获得一定的需求响应激励收益。

家庭智能用电的作用

▶ **助力家庭用户参与需求响应：** 通过家庭智能用电，家庭用户可以通过负荷聚合商参与电力需求侧响应。在需求响应期间，利用智能控制装置、家庭能源管理系统，短时关闭空调、电热水器、电水壶、电取暖器等大功率用电设备，或采用将空调温度调低等措施，在短时间内迅速减少用电量，降低电网用电高峰时段的负荷，满足需求响应要求。

▶ **助力普通大众参与节能降碳**：家庭智能用电能够使普通大众及时准确掌握家居环境的电力能源使用状况，合理安排用能计划并预设用能目标，在参与电力需求侧响应，获得一定的响应激励收益的同时，有机会直接参与节能降碳，形成低碳绿色的生活方式，为电力能源的低碳转型发展作出贡献。

▶ **促使电力需求侧资源充分唤醒**：家庭智能用电还可以使传统单向的电力信息流模式，转变成供电企业与电力用户之间双向高效的互动模式，使供电企业能够及时掌握用户负荷信息，并根据用户反馈的电力需求侧响应情况，科学安排电网调度和运行，最大限度提高电网投资精准性，促使负荷侧海量沉睡资源得到充分唤醒，助力电网侧应急调节能力得到全面增强。

▶ **促使电能质量与可靠性提升**：家庭智能用电的推广应用，还可以使供电企业更好地了解居民用户的电力能源使用习惯，提供更好的服务，并根据不同区域居民用户的用电情况，对配电网进行合理的改造和升级，在更科学高效地开展电力需求侧响应的同时，进一步提高配电网的可靠性，提高电能质量水平。

小资料

煤改电智能服务

国网北京电科院开发了由感知层、网络层、平台层和应用层构成的煤改电智能服务平台，在感知层通过用户侧安装的智能采集终端，采集用户设备的电压、电流、功率、电量以及室内温度、室内湿度等数据；在传输层通过Wi-Fi、LoRaWAN、NB-IoT等网络通道，将采集的数据可靠传输到平台层；在应用层利用移动App和可视化技术，实现对煤改电覆盖区域的统一监测与管理，进行直观高效的分析和展示。

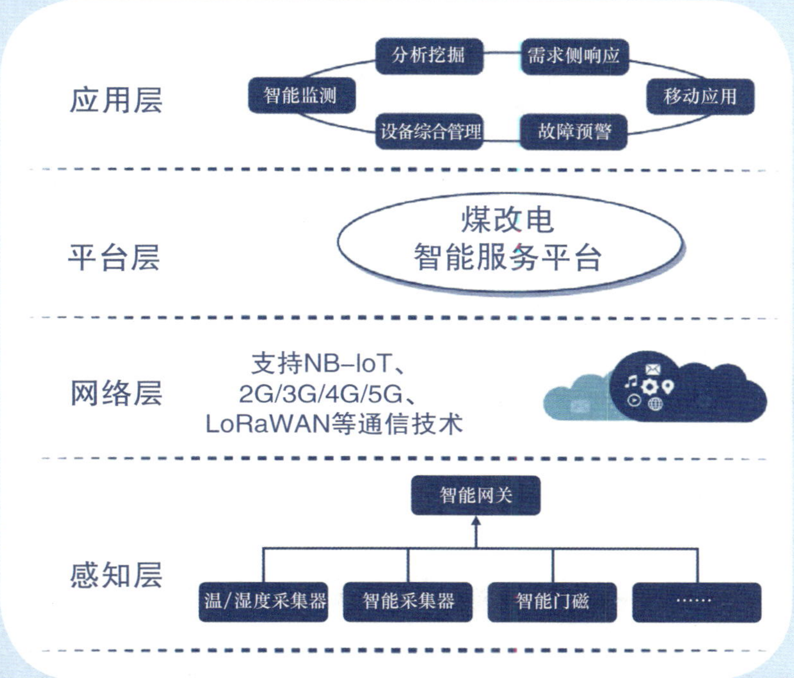

煤改电智能服务平台框架

利用煤改电智能采集设备和煤改电智能服务平台，不仅可以进行用户基础信息、用电信息、采暖信息的智能管理和智能监测，还能够结合大数据技术开展用电分析、电费分析、采暖效果评估、补贴成效评估，实现在用户侧源头发现问题、跟踪问题，在管理侧进行问题高效治理，解决“煤改电”管理中的电网安全、投诉、运维问题，为电网运维和用户满意提供可靠保证，为政府财政补贴的精准发放提供量化数据信息支撑。

案 例

浙江居民用户参与需求响应

2020年9～10月，浙江省宁波市、杭州市多个县区陆续开展了低压侧（居民）首批体验用户的日前邀约型（报量报价）电力需求侧响应工作。

1. 需求响应的类型

根据政策规定，居民用户可以参与两类需求响应：

一类是削峰响应，包括日前邀约型（用户日前报量报价+边际出清）和分钟级响应型[基于基线核算是否达标确定实际补贴额，补贴单价为4元/（千瓦·时）]两种。

另一类是填谷响应，一般为日前邀约型，采用用户日前报量报价加边际出清的方案。

2. 需求响应的参与方式

浙江居民参与需求响应的方式分三步，即参与准备、查看邀约、答复邀约，然后由电网判断响应执行是否成功，最后对成功响应的用户发放补贴。经确认为体验客户的低压客户（包括居民）可以通过“网上国网”App完成注册认证并绑定户号，登录“网上国网”App后，点击更多→选择能效服务→点击需求响应→点击需求响应邀约，即可查看邀约信息。

进入“网上国网”App需求响应邀约界面后，可以点击“答复邀约”，填写申报响应负荷（参考基线负荷并预估可压减的负荷）、补贴单价[预期的补贴电价，最高为4元/（千瓦·时）]、联系人及电话等信息，提交后即完成邀约答复。申报的响应负荷必须大于0千瓦，并且不超过合同容量；补贴报价则在0~4元/（千瓦·时）范围。

3. 需求响应的执行方式

在响应日（答复邀约的后一天），低压客户需要在约定的响应时段，通过关闭家用电器的方式降低负荷，完成负荷调节。同时由电网对响应执行的情况进行判断。

在响应时段，如果低压客户执行的负荷调节能够同时满足以下两个条件，即被认定为有效响应：一是削峰响应实际最大负荷小于基线最大负荷（填谷响应实际最小负荷大于基线最小负荷）；二是削峰响应实际平均负荷小于基线平均负荷（填谷响应实际平均负荷大于基线平均负荷），且其差值处于申报响应负荷的80%~120%，若超过120%则按120%封顶计算。符合上述标准，响应成功的客户可获得补贴激励。

低压客户需求响应补贴一般在本次响应执行后的（*T*+2）天，采用电费退补的方式进行发放。该补贴为预发补贴，最终金额以能源局公示结果为准，若有差额则多退少补。客户在“网上国网”App中可通过“需求响应”→“结果及账单查询”，查看响应结果及补贴发放情况。

4. 需求响应的竞价模式

试点过程中，某天有5家需求响应客户A、B、C、D、E均收到了日前需求响应邀约，响应负荷总需求为1000千瓦，响应时段为次日14~15时，补贴报价上限为4元/（千瓦·时）。

按照报价从低到高的顺序对上述客户竞价情况进行排序，结果如下：

客户代号	补贴报价［元/（千瓦·时）］	申报响应负荷［元/（千瓦·时）］	资源池累计负荷（千瓦）
C	2	300	300
B	3	300	600
D	3.5	200	800
A	3.5	200	1000（满足需求）
E	4	300	300

本案例竞价出清结果为：竞价成功的客户为A、B、C、D，客户E则竞价失败；出清价格客户A和D同为：3.5元/（千瓦·时）；客户A、B、C、D均以3.5元/（千瓦·时）的补贴价格进行结算。

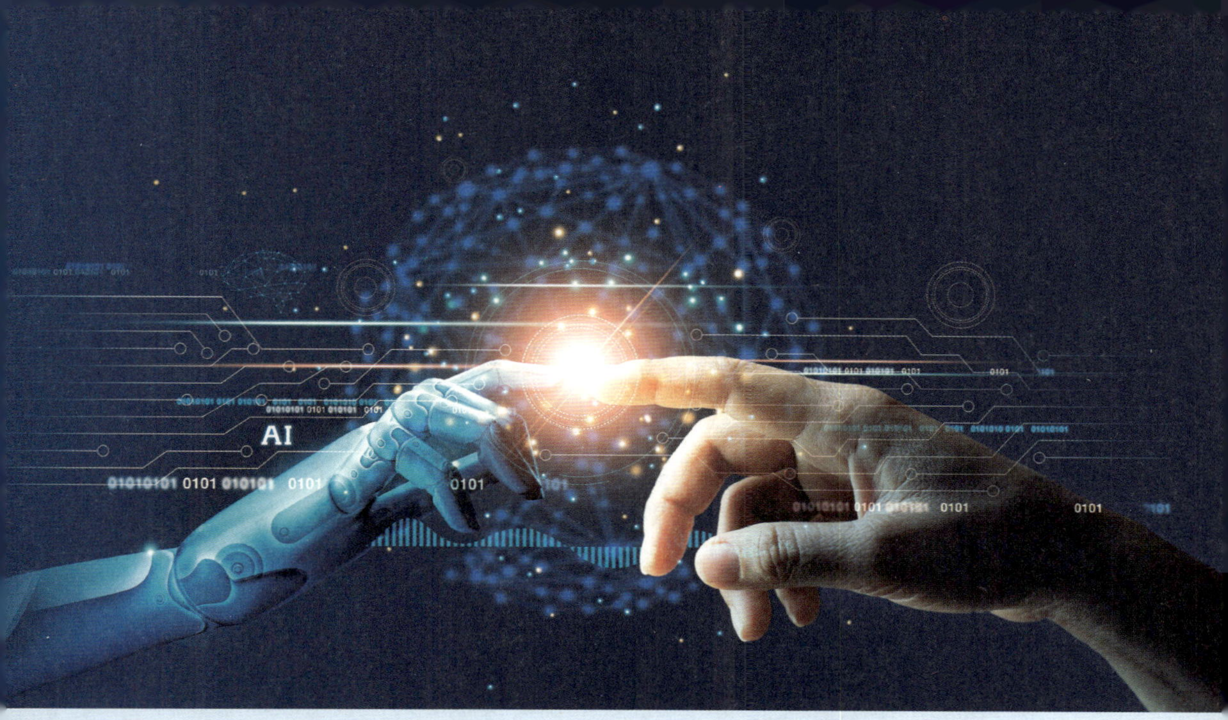

电力需求侧响应的未来

在新型电力系统建设过程中，需求响应可以发挥巨大作用，同时，我们也注意到，目前我国需求响应的发展还存在诸多不足和亟需改进之处，如市场化程度不高、实时反馈技术欠缺、自动化程度不够高、标准体系不完善等。围绕“双碳”目标，随着电力能源技术和数字化技术的快速发展，未来的电力需求侧响应还将迎来更多更快更大的变化。

市场发展

1. 可利用资源增加

随着需求侧资源市场机制的成熟，需求侧资源潜力也会持续增加。例如，在美国，需求侧资源比例从2005年的3%升至2020年的6%。在中国，预计到2025年，需求侧资源利用规模有望达到70吉瓦，约占最大负荷的4%。长期来看，高比例新能源电力系统的需求侧资源利用规模有望达到20%以上的较高水平。

目前，大工业用户仍是需求侧资源利用的主体，但随着未来控制技术和管理手段的丰富完善，居民用户的资源利用潜力和实际规模均将快速增加。未来，随着用户侧储能和电动汽车等多元新兴负荷不断涌现，居民负荷中可参与需求响应的占比将不断攀升，并将逐步成为主要的需求响应资源。

根据国际可再生能源署的2050能源场景研究，预计全球电动汽车总数将达10亿辆，电储能容量达到12亿千瓦·时，空调热泵数骤增至2.5亿台以上，长途货运等其他领域则可能使用电制氢及合成气。综合来看，大工业负荷、空调负荷等是近期需求侧资源开发的重点；用户侧储能、电动汽车、电蓄热、数据中心和5G基站等不断涌现的新兴资源，将不断补充需求侧可利用资源池。

2. 市场化程度提高

从约定补偿机制到需求侧竞价模式，我国电力需求响应的市场化程度不断提高，由市场决定价格，是未来电力需求侧响应发展方向。随着运行机制不断成熟，需求响应的运行模式也将由最初的政府主导转变为市场引导和用户主动参与，主要表现在以下三方面：

▶ **电价机制更完善：**考虑不同地区系统调节需求与能力和新能源装机情况，因地制宜选择合适的峰谷电价、分时电价、实时电价、尖峰电价等定价方式，充分发挥电价的市场调节作用。

▶ **规则设计更完善：**包括容量市场、辅助服务市场、电能量市场等，保证市场信息披露的及时性与公开性，推动更多类型可调节负荷纳入市场主体，激发市场潜力，为需求响应的常态化开展提供动力。

▶ **商业模式更丰富：**随着需求响应参与主体的日益增多，根据需求侧资源特性，设计相应的产品类型参与市场交易，形成可持续的商业模式成为未来发展的重要方向，也将大幅提升需求响应的市场化程度。

技术趋势

1. 自动化程度更高

随着人工智能、大数据、智能感知技术的不断发展，需求响应的自动化程度将越来越高，需求响应方式将从最初的约定响应逐步转变为自动响应。不久的将来，数字化的高级量测技术、先进信息通信技术和智能化的协调控制技术将不断成熟，在需求响应中将得到日益普遍的应用。

借助于广泛部署在电源侧、负荷侧、储能侧的物联传感装置，人们可以实时获取包括分布式电源、用电负荷及储能设备的运行状态数据；通过电力5G甚至6G专网等高速移动通信网络，测量结果能够实时传输到配电网调控中心；利用大、云、智、链技术对各方面数据信息进行高速分析、判断、预测以及安全保护，并形成最优化的需求响应方案，通过与电网相连接的智能用电终端及管理系统执行系统负荷调节，形成自动化的需求响应。

2. 标准化程度更高

现有的电力需求响应标准体系在需求侧灵活资源可调节潜力分析、需求响应系统建设、验收规范等方面仍需进一步完善相关标准。此外，各省需求响应实施平台各不相同，平台间数据通用性不强，各类设备及负荷聚合商的通信接口、协议不统一，交互壁垒拉高了建设成本和难度，不利于形成可复制推广的需求响应模式。

未来，一方面为了提高信息交互效率，可调节负荷与电网信息交互统一接口将得到规范，相关强制性国家标准或政策要求将逐步出台；另一方面，现有标准体系的实用性将得到提升，在实际需求响应平台建设中的应用将得到不断强化。

3. 技术融合更深入

能源互联网条件下，随着需求响应的深入发展，能源系统与新数字技术的融合将更加深入，如深度学习、区块链技术等。未来，可再生能源、储能、电动汽车等分布式能量单元将大量接入，需求侧资源的分布式、不确定性特点将更加突显，高维度多样化的需求侧用户数据，将使得针对不同用户响应行为的识别与预测十分困难，用户的用能隐私也将成为市场交易中需要考虑的关键因素。

在深度学习方面，鉴于深度学习对于高维度的数据有着强大的处理能力，利用深度学习去识别用户在需求响应中的响应行为，具有较强的可操作性。而且，深度强化学习能够通过对外部环境的“试错”，寻找出最优的实施策略，形成一套完整的感知决策体系，有效推动需求响应向着智能化的方向发展。

在区块链技术方面，电力系统和能量市场未来的去中心化、分散自治的发展方向与区块链技术高度契合。要实现需求响应资源在分散能量市场中的交易，必须依托于能够实时进行信息交换并且根据系统和市场信息进行自优化的能量管理系统与分布式的用能信息存储系统，同时在区域能源互联网层面上，构建分散化的需求响应资源交易平台。未来基于区块链技术构建的需求响应资源交易平台能够避免同一时段需求响应资源“双重支付”，追踪不同用户需求响应资源交易信息，同时保证用户用能和交易信息隐私。

后　记

与传统火力发电相比，风力、光伏等新能源发电往往存在较大的波动性和随机性，“靠天吃饭”的特性使新型电力系统建设面临着巨大的挑战。日本和美国等发达国家在需求响应领域的实践表明，通过需求响应和新能源发电的紧密结合，建立可中断负荷联动机制，可以极大促进新能源消纳。基于多元主体参与、先进技术支撑的主动需求响应，甚至自动需求响应，可以有效弥补发电侧常规机组调度灵活性差、响应速度慢等不足。

随着新型电力系统建设快速、深入、持续的推进，未来，需求响应将深深融入“源网荷储”态势实时感知和高效协调运行，其技术、机制和应用场景都将不断发展成熟，进而推动新型电力系统实现源、荷、储快速切换、故障快速恢复，使得整个电网和电力系统更加柔性。同时，由于新能源逐渐从“配角”成为“主角”，需求响应作为分布式灵活性资源，在电力系统减排方面的促进作用将更加凸显。

相信在我们的共同努力下，“人人参与碳中和”未来可期，地球人类的家园必将变得更美好。